Taschen für Fashionis

nani coldine

Haupt
GESTALTEN

Taschen für Fashionistas

entwerfen * nähen * verkaufen

nani coldine

Haupt Verlag
Bern · Stuttgart · Wien

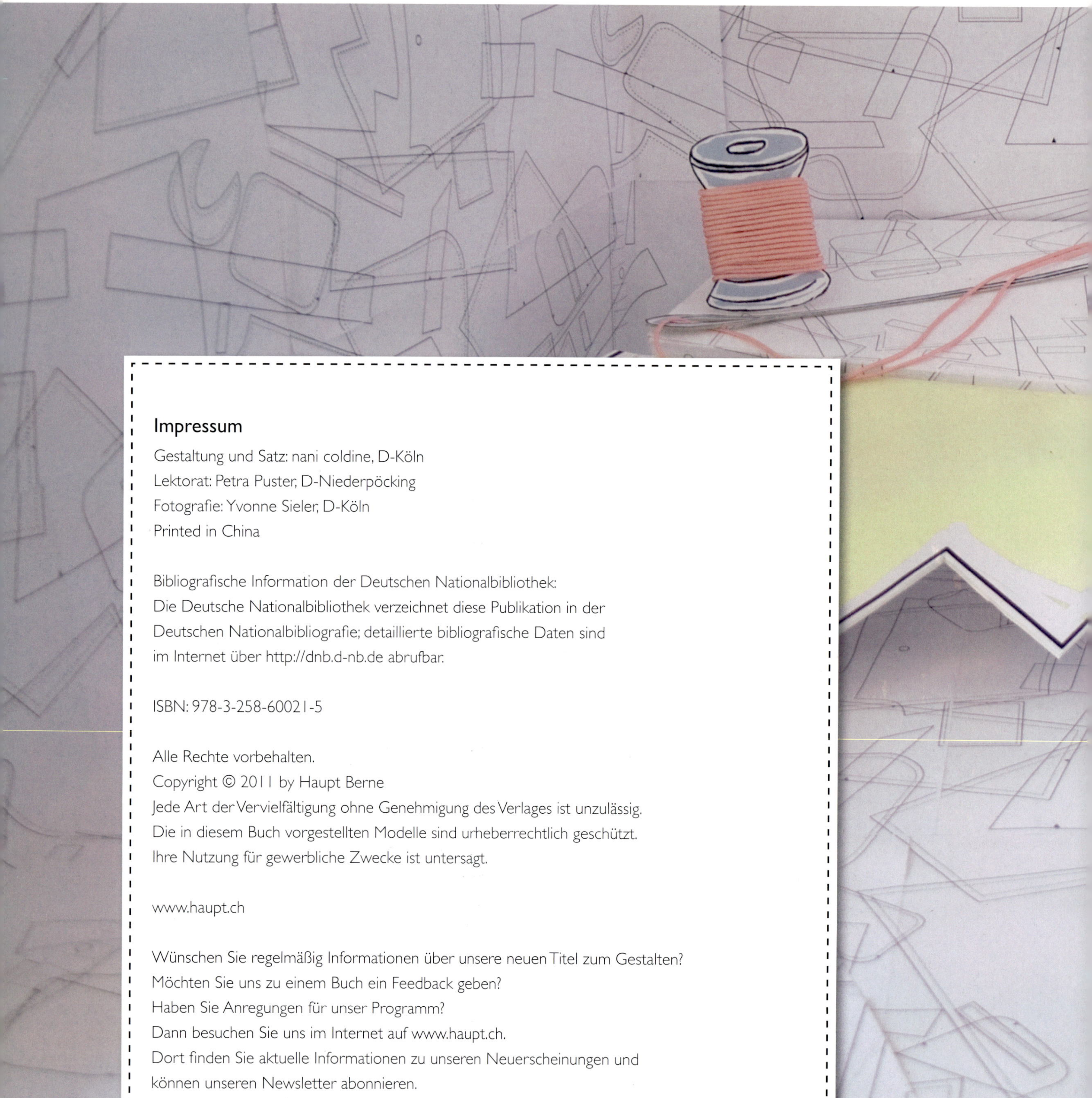

Impressum

Gestaltung und Satz: nani coldine, D-Köln
Lektorat: Petra Puster, D-Niederpöcking
Fotografie: Yvonne Sieler, D-Köln
Printed in China

Bibliografische Information der Deutschen Nationalbibliothek:
Die Deutsche Nationalbibliothek verzeichnet diese Publikation in der Deutschen Nationalbibliografie; detaillierte bibliografische Daten sind im Internet über http://dnb.d-nb.de abrufbar.

ISBN: 978-3-258-60021-5

www.haupt.ch

Wünschen Sie regelmäßig Informationen über unsere neuen Titel zum Gestalten?
Möchten Sie uns zu einem Buch ein Feedback geben?
Haben Sie Anregungen für unser Programm?
Dann besuchen Sie uns im Internet auf www.haupt.ch.
Dort finden Sie aktuelle Informationen zu unseren Neuerscheinungen und können unseren Newsletter abonnieren.

Zur Autorin

Hinter dem Namen nani coldine steht die Designerin und Illustratorin Nadine Heintze. Nach dem Modestudium in London und Antwerpen gründete sie das Handtaschenlabel nani coldine, das sie weiter zur gleichnamigen Designagentur ausbaute. Ihre Handtaschen wurden u. a. in der InStyle und Elle veröffentlicht und verkaufen sich weltweit. Nach langjährigen Produktionserfahrungen in unterschiedlichen Ländern fertigt sie ihre limitierten Serien heute wieder in Deutschland. Nadine und ihr Team beliefern außerdem zahlreiche Modeunternehmen mit Taschendesigns und Trendideen. Die Liebe zum Handwerk und die Leidenschaft für ausgefallene Designs und Taschen sind immer noch ihre Inspirationsquelle und schaffen einen Ausgleich zu kommerziellen Jobs. Dass Selbermachen nicht nur Spaß bringt, sondern auch schick sein kann, beweist sie hier bei *Taschen für Fashionistas*.

Aktuell lebt und arbeitet Nadine Heintze in Köln.
Sie betreibt ihren eigenen Taschen-Blog unter www.bagstage.info.
Mehr zu nani coldine erfahren Sie unter www.nanicoldine.com.

nani coldine

Das nani-coldine-Team ist ein Netzwerk aus kreativen Fashionistas. Mitgearbeitet an diesem Projekt haben insbesondere:
Yvonne Sieler – Fotos, Grafik und Layout
Verena Zerwas – Model, Grafik und Layout
Evelyn Breuers und Angela Sophia Marques – Models und Praktikantinnen im Bereich Designassistenz, Modellentwicklung, Illustration, Recherche, Dessinentwurf und Schnittentwicklung.
Vielen Dank gilt auch Julia Becker Ritterspach für das Foto auf der XXL-Print-Tote, Johanna Lambsfuß für die Hintergrundberichte zum Buch auf www.bagstage.info und Reyhan Yildirim für die Zeichnungen auf S. 22 und 23.

INHALT

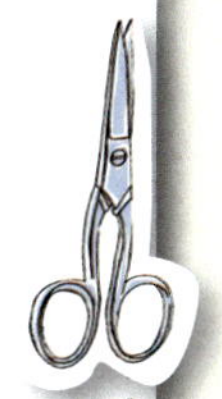

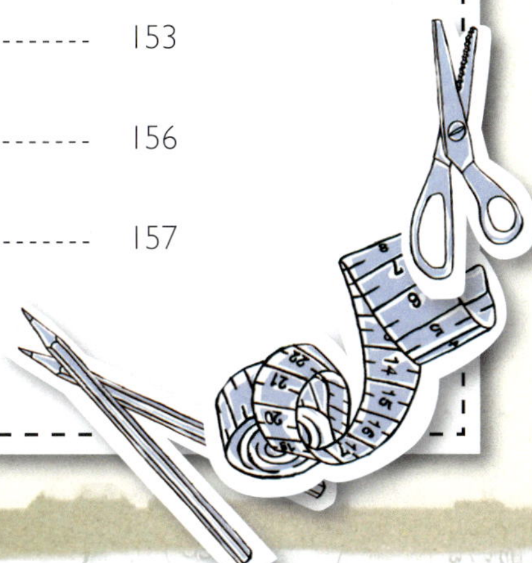

Vorwort

"In these hard times – dress up. Do it yourself!"
Vivienne Westwood

Die Tasche als solche

Welche Frau ist nicht verrückt nach Taschen? Kein anderes Accessoire, kein Tuch, kein Gürtel, noch nicht mal ein Paar Manolos verleihen einer Frau schneller Glamour und Persönlichkeit als die richtige Tasche.

Die mystische Signalwirkung der Handtasche steht im Kontrast zu ihrer pragmatischen Funktion, nämlich als Transportmittel von Gegenständen. Denn die Tasche birgt so manches Geheimnis und kann dennoch nichts für sich behalten. Schon ein Blick in die Tasche einer Frau und man erkennt ein deutliches Psychogramm: Quittungen mit Telefonnummern, Kaugummi, überfällige Strafzettel, Lippenstifte und deren verlorene Käppchen und sogar Notfall-Ballerinas. Der ständige Alltagsbegleiter Tasche ist daher auch engster Vertrauter in allen Lebenslagen. Jedoch soll die Tasche heutzutage nicht nur zum Outfit passen, sondern auch ein Lebensgefühl zum Ausdruck bringen. Deshalb reicht ein Exemplar bei weitem nicht aus.

Doch was tun in Zeiten von Wirtschaftskrise, Designübersättigung und Individualisierung? Welche Tasche passt zu mir und zu meiner neuen Frühjahrsgarderobe? Muss ich schon wieder ein kleines Vermögen investieren, um eine einzigartige Tasche meinen Besitz nennen zu können?
Wir haben gute Nachrichten, denn die Antwort lautet: Nein!

Warum handgemacht?

Do-It-Yourself (kurz: DIY) liegt voll im Trend, nicht nur um Geld zu sparen, sondern auch um Waren und Konsumgüter den eigenen Bedürfnissen anzupassen, sich unabhängig von großen Marken zu machen und vor allen Dingen, um sich darüber zu freuen, eine Produktidee selbst zu entwickeln, umzusetzen und herzuzeigen.
Gerade in Zeiten von Massenkonsum hat das Individuelle, Persönliche, Handgefertigte einen besonderen Stellenwert. Mit diesem Buch liefern wir Ihnen unzählige Ideen und Anleitungen, sich Ihr eigenes Traummodell selbst zu gestalten. Lassen Sie also die Kreditkarte stecken und stattdessen Ihrer Fantasie freien Lauf. Das macht doppelt Spaß.

Das zweite Standbein

Der große Trend zum Selbstentwerfen, Selbermachen und Verkaufen bietet gerade im Zeitalter von Web. 2.0 neue Möglichkeiten, seine Werke mit der Welt zu teilen. In Blogs und Foren tauschen sich die Kreativen aus, und die Vielzahl an Verkaufsplattformen im Internet demokratisiert den Markt langsam, aber sicher. Selbst wenn Sie nicht daran interessiert sind, Ihr Talent zu Geld zu machen, ist es spannend, die *Was-wäre-wenn-Situation* einmal durchzuspielen. Denn abgesehen von der Freude am Selbermachen, fragen sich viele Kreative: Was brauche ich, um ein zweites Standbein aufzubauen oder wie verkaufe ich meine Kollektion am besten? Darum möchten wir Ihnen in diesem Buch zusätzlich einen Einblick in die betriebswirtschaftliche Seite des selbstständigen Handtaschendesigners (Existenzgründung) gewähren. Zudem finden Sie Interviews mit erfolgreichen Handtaschendesignern.

Voraussetzungen

Der Designer absolviert meist eine mehrjährige Ausbildung an der Kunsthochschule, der Feintäschner und Schneider macht eine Handwerkslehre. Dieses Buch ist selbstverständlich kein Ersatz für einen dieser Ausbildungswege.
Um die Taschen in diesem Buch anfertigen zu können, sollten Sie jedoch über Grundkenntnisse des Nähens verfügen und den Umgang mit der Nähmaschine kennen. Falls Sie trotzdem noch Lernbedarf haben, empfehlen wir im Anhang einige Bücher für Einsteiger oder auch Nähkurse an einer Volkshochschule in Ihrer Nähe. Falls Sie die Gebrauchsanweisung Ihrer eingestaubten Nähmaschine nicht mehr finden, können Sie diese einfach aus dem Netz herunterladen.
Trotzdem sind die Anleitungen zu unseren Taschen sehr sorgfältig beschrieben und Schritt für Schritt genau illustriert. Zur Orientierung ist jedes Modell mit einem Schwierigkeitsgrad (● Anfänger, ●● Hobby-Näher, ●●● Fortgeschrittene) gekennzeichnet. Mit den Anleitungen und Herstellernachweisen können Sie die Modelle genau nacharbeiten. Aber auch absolute Näh-Muffel finden im Kapitel *Pimp My Bag* Ideen, wie man mit Heißklebepistole, Accessoires aus dem Nähkästchen und Omis Knopfsammlung im Nu alte Taschen aufpeppen kann. Selbst wenn Sie zu den Leuten gehören, die für das genaue Lesen von Anleitungen und Gebrauchsanweisungen zu ungeduldig sind, können Sie unsere Modelle auch als Inspirationsquelle nutzen und sie nach Lust und Laune abwandeln.

Jetzt geht's los!

Wir freuen uns, Ihnen auf den folgenden Seiten zu zeigen, wie Sie mit nur wenigen Mitteln und einfachen Näh- und Schnittkenntnissen modische Designs kreieren können. Gehen Sie nicht zu verkrampft vor. Trauen Sie sich! Der Fun-Faktor hat allerhöchste Priorität. Wenn Sie einmal gelernt haben, Ihre eigenen Designs zu entwickeln, werden Sie kritischer mit den Fertigprodukten umgehen, denen Sie täglich ausgesetzt sind. Selbst wenn Ihr Erstlingswerk ein paar schiefe Nähte aufweist, denken Sie immer daran:

Perfektion ist langweilig – kleine Fehler jedoch sind charmant!

MATERIAL

Die Stoffe, aus denen Taschenträume genäht werden, können ganz unterschiedlich sein. Es gibt eine Vielzahl an Materialien, die sich prima für die Verarbeitung von Taschen eignen.

Flock

Frotteehandtücher

Leinenstoff

Stoffe

Robuste Stoffe

Weil Taschen täglich benutzt werden, sind robuste Materialien seit jeher die Lieblinge der Taschen-Designer:

Filz · Markisenstoff · Leinen und Canvas · Wolldecken · Leder, Kunstleder und Lederimitat (Reptilprägung) · Pelz und Webpelz · Jacquard oder Dekostoff

Recycling-Materialien

Warum immer neu kaufen? Wiederverwertung von gebrauchten Sachen liegt voll im Trend:

Armee-Decken oder -Zelte · Badekappen · Lederjacken · Lkw-Planen · Regenschirme · alte Kassetten · PVC-Tischdecken · Fahrradschläuche · Jeans · Frotteehandtücher

Feine Stoffe

Für Abendtaschen sehr beliebt sind auch edle, feine Materialien:

Satin · Samt · Spitze

Veredelungen

Um Ihren Taschen den individuellen Touch zu geben, gibt es eine Reihe von Veredelungsmöglichkeiten.

Applikationen, Dekorationen und Farbe

Mit Nadel und Faden, Pinsel und Stift oder mit der Heißklebepistole kann man langweilige Täschlein aufmöbeln.

Knöpfe und Perlen · Motive sticken · Pailletten · Nieten · Bänder, Borten und Bordüren · Federn, Stoff- und Lederblumen · Strassmotive · Drapierungen · Smock-Details · Batik- oder Stoffmalfarbe · dicker Filzstift (z. B. Edding) oder Acrylfarbe

Drucke

Schon mal damit geliebäugelt Ihre Tasche zu bedrucken? Auch wenn Sie nicht planen, in eine Großproduktion einzusteigen, gibt es doch genügend Techniken für Unikate.

Siebdruck · Flockdruck · Transferfoliendruck · Schablonendruck · Stoff für den Tintenstrahldrucker · Digitaldruck

Henkel und Riemen

Henkel und Tasche sollten zusammenpassen. Praktisch sind robuste Riemen, die man über der Schulter tragen kann. Elegant und hochwertig wirken dagegen oft fertig dazu gekaufte Henkel und Ringe.

Fertige Henkel und Riemen

Doppelhenkel U-Form (Standard) · Doppelhenkel oval · Bambusringe

Alternative Henkel und Riemen

Ledergürtel · Ketten (Baumarkt) · Ripsbänder · Nylonriemen · Kordeln, Taue und Springseile · Anschnallgurte · Bundfix F (Henkel in beliebiger Länge selber nähen)

Henkel

Riemen

Knöpfe

Gürtel

Bundfix

Einlagen

Einlagen geben einer Tasche mehr Festigkeit. Von dünn, mittelstark bis dick sind Einlagen zum Aufbügeln (Vliesofix) und Einlagen zum Einlegen oder Einnähen (Vlieseline, Watteline) in unterschiedlichen Stärken und Qualitäten erhältlich. Sie können auch Stoffreste zum Einlegen verwenden. Spezielle Einlage für Rock- und Hosenbund (Bundfix) eignet sich perfekt zur Herstellung von Henkeln und Riemen.

Verschlüsse

Natürlich sollte Ihr Hab und Gut während des Transports auch sicher verschlossen sein. Denken Sie daher auch an Reißverschlüsse und Druckknöpfe · Klettverschlüsse · Knöpfe

Werkzeuge und Nähzubehör

Wir möchten an dieser Stelle an die unentbehrlichen Werkzeuge erinnern, die Ihnen bei der Umsetzung der Taschenmodelle nützlich sein werden.

Arbeits- und Zuschneidetisch

Räumen Sie sich einen Platz frei (ok, notfalls auch den Fußboden), an dem Sie die Schnitte und Stoffe zuschneiden können.

Schnittpapier

Klassisches Schnittpapier gibt es schon mit Kästchenmuster gerastert zu kaufen. Es eignet sich perfekt dazu, die Schnittteile dieses Buchs zu vergrößern.

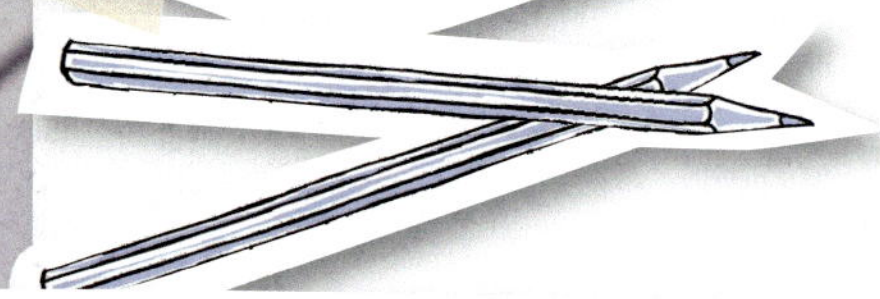

Bleistift und Radiergummi

Ist doch klar, oder?

Geodreieck oder Schneiderlineal

Unentbehrlich, um Nahtzugaben und rechte Winkel einzuzeichnen oder um den Schnitt zu modifizieren.

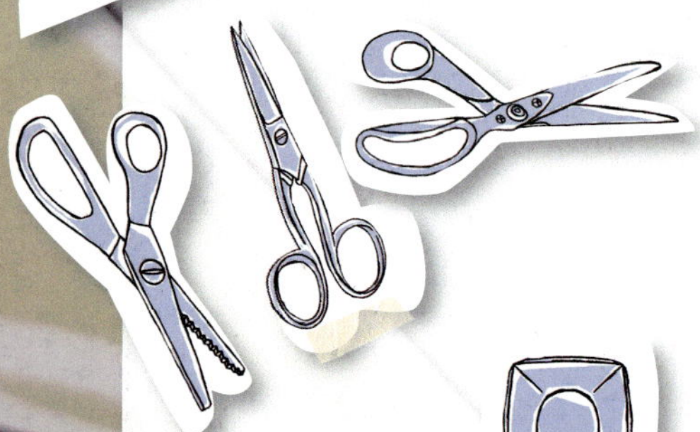

Scheren

Neben einer guten Stoffschere sollten Sie auch in eine Papierschere und eventuell in eine Zickzackschere investieren.

Schneiderkreide

Auf die Stoffrückseite zeichnen Sie mit Schneiderkreide die Umrisse der Papierschnittteile.

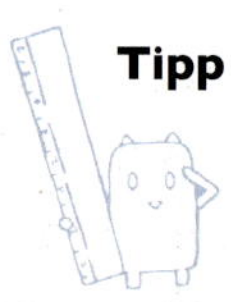

Tipp

Scheren lassen sich prima schleifen, wenn man mit ihnen durch feines Sandpapier schneidet.

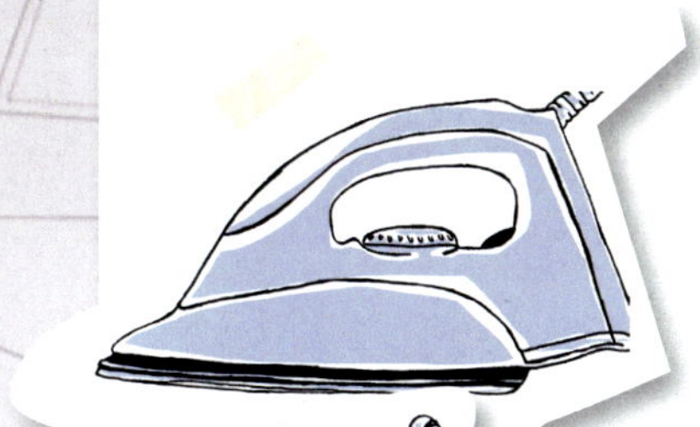

Bügeleisen und Bügelbrett

Ideal ist ein Dampfbügeleisen. Vom Zuschnitt bis zur letzten Naht ist dies Ihr treuer Arbeitskollege. Vor und zwischen den Arbeitsschritten heißt es „bügeln, bügeln, bügeln".

Stecknadeln und Nadelkissen

Wir bevorzugen lange Kopfstecknadeln aus Edelstahl. Durch den bunten Kopf ist die Gefahr, dass man mal eine Nadel im Stoff vergisst, geringer. Mit dem Nadelkissen am Handgelenk haben Sie Ihre kleinen Helfershelfer immer und überall griffbereit.

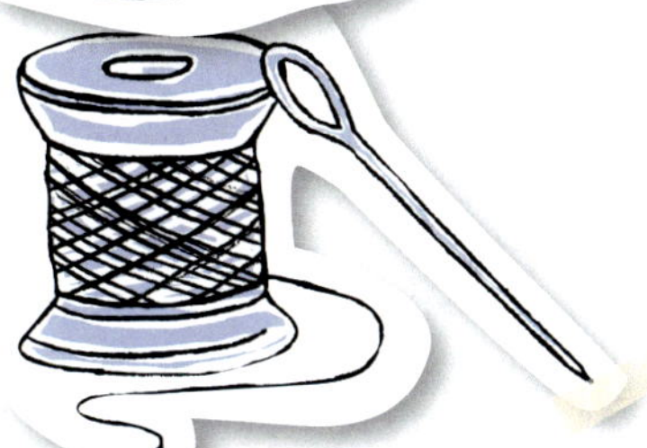

Nadel und Faden

Bei der Nadel darauf achten, dass sie zur Stoffart passt. Dies gilt besonders für die Nähmaschinennadel. Achten Sie auf die Stärke und kaufen Sie gegebenenfalls spezielle Jeans-, Leder- oder Stretchnadeln. Das Gleiche gilt für das Garn. Wählen Sie die richtige Stärke, reißfeste Qualität und am allerwichtigsten die richtige Farbe!

Fingerhut

Er schützt Ihren frisch lackierten Zeigefinger vor fiesen Pieksern.

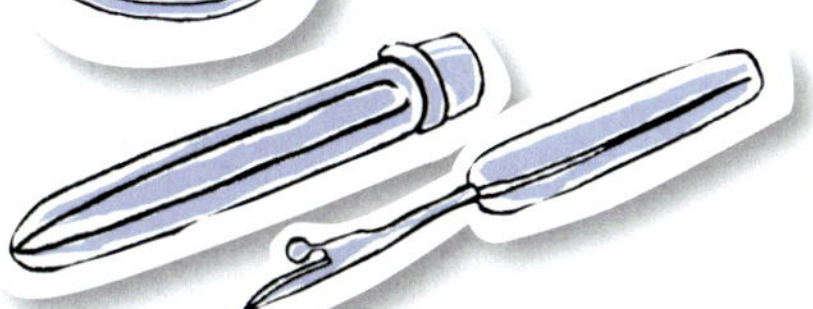

Trennmesser

Lassen Sie sich nicht entmutigen, wenn Sie etwas falsch zusammengenäht haben – das Trennmesser und etwas Geduld sind leider oft unentbehrlich.

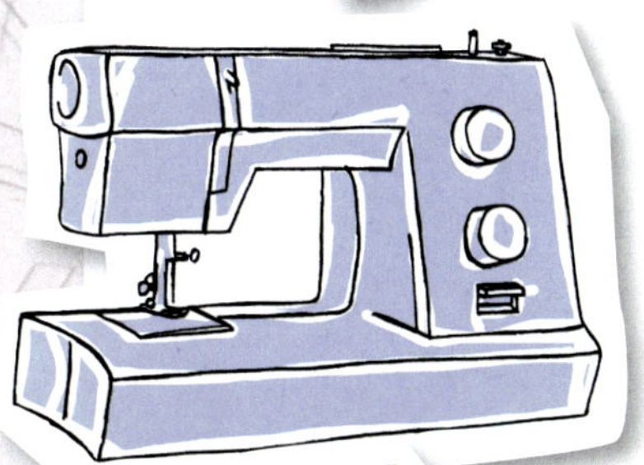

Nähmaschine

Falls Sie schon länger nicht damit genäht haben, empfehlen wir Ihnen wärmstens, sich die Gebrauchsanleitung Ihres Maschinentyps gründlich durchzulesen (falls verloren, im Internet downloaden) und erstmal ein paar Nähte auf Stoffresten zu proben.

Maßband

Das flexible Maßband, schick um den Hals gelegt, ist es ein unverzichtbares Helferlein zur Kontrolle von Abständen und Nahtzugaben.

Mise en place!

Was in der Gastronomie gilt, raten auch wir Ihnen bei Ihrem Arbeitsplatz: Alle Materialien und Werkzeuge vor Arbeitsbeginn zurechtlegen.

Schnitte vergrößern und kopieren

Mit Ausnahme einiger weniger Modelle haben wir zu fast allen Taschen im Buch auch einen Schnitt für Sie beigefügt. Bevor Sie sich nun einen Favoriten auswählen, Stoff ausrollen und zuschneiden, sollten Sie die wichtigsten Prinzipien unseres Schnittsystems kennenlernen.

Die im Buch angegebenen Materialien entsprechen genau dem jeweils vorgestellten Taschenmodell. Sie sind herzlich eingeladen, eigene Modifikationen vorzunehmen. Falls Sie den Schnitt vergrößern, benötigen Sie natürlich entsprechend mehr Material.

Der Abnäher markiert die Linie, an der der Stoff abgenäht wird.

Die roten Keile markieren die Stellen, an denen der Stoff in Falten gelegt wird.

Die Schnittteile sind fast überall mit einer Nahtzugabe von 1 cm angegeben. Beim Vergrößern der Schnitte sollte man aber sehr genau hinsehen, da einige Schnittteile (Henkel, Einlegeböden und Schlaufen) mit größeren oder gar keinen Nahtzugaben versehen sind.

Schnitterklärung: Hier finden Sie eine Liste aller Schnittteile eines Modells und eine Angabe, wie oft welche Teile aus welchem Material zugeschnitten werden müssen.

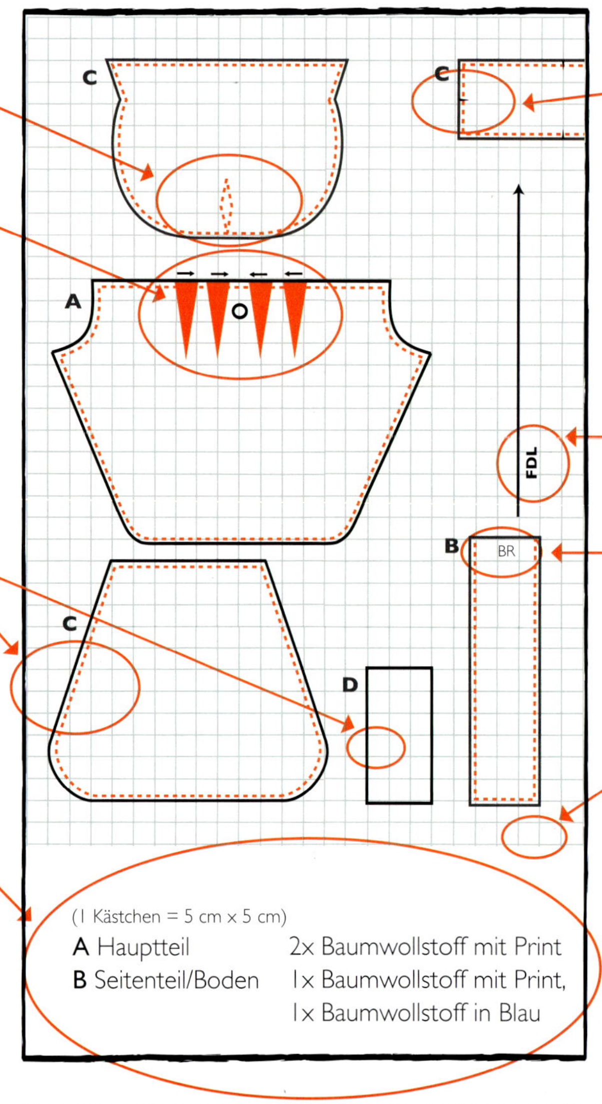

Markierungen helfen, die Schnittteile perfekt aneinanderzulegen, bevor man zusammennäht.

Der Pfeil markiert den Fadenlauf.

BR steht für Stoffbruch. Das ist die Kante, an der der Stoff gefaltet ist.

Ein Rasterquadrat des Schnittmusterbogens entspricht 5 cm x 5 cm.

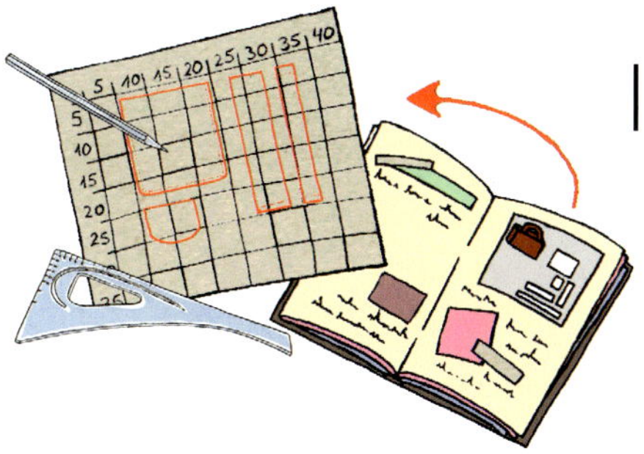

1 Vergrößern und Übertragen

Mit klassischem Schnittmusterpapier, erhältlich in jedem Kurzwarenladen, lassen sich unsere Schnitte im Verhältnis 1:5 vergrößern und auf Schnittpapier übertragen. Zeichnen Sie auch alle Abnäher und Markierungen ein.

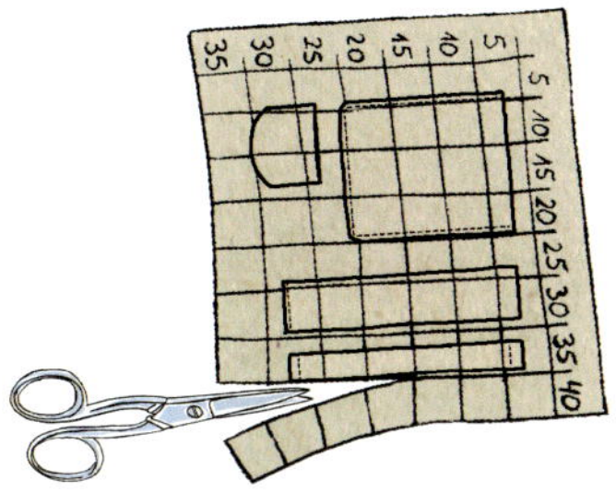

2 Ausschneiden

Dann die Schnittteile sorgfältig ausschneiden. Achten Sie dabei auf die Angabe bei jedem Modell, wie oft welche Teile zugeschnitten werden sollen.

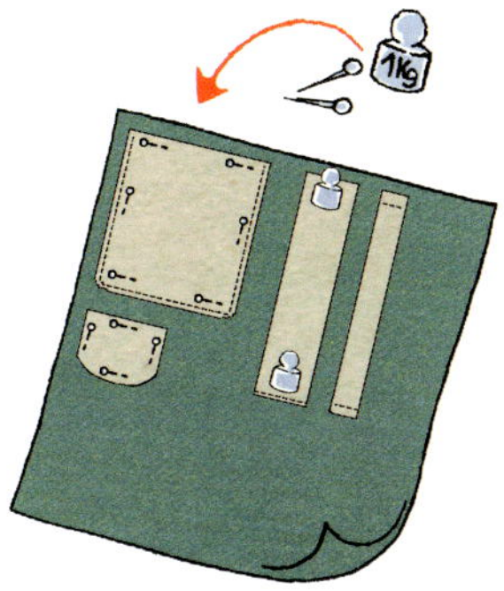

3 Feststecken

Die Schnittteile vorsichtig mit Stecknadeln auf der Rückseite des Stoffes feststecken oder mit Gewichten beschweren.

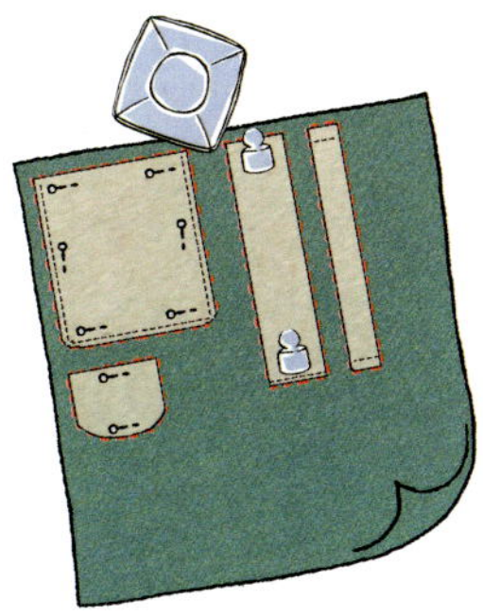

4 Nachzeichnen

Dann den Umriss der Schnittteile mit Schneiderkreide auf dem Stoff nachzeichnen. Ebenso Abnäher und Markierungen.

5 Zuschneiden

Nun können Sie Ihren Stoff zuschneiden.

Abnäher oder Markierungen

Um die Abnäher oder Markierungen auf mehren Stofflagen zu kennzeichnen, können Sie diese mit langem Faden und lockeren Schlaufenstichen durch alle Lagen heften. Dann die Schlaufen durchschneiden. Das Papier anschließend vorsichtig abziehen.

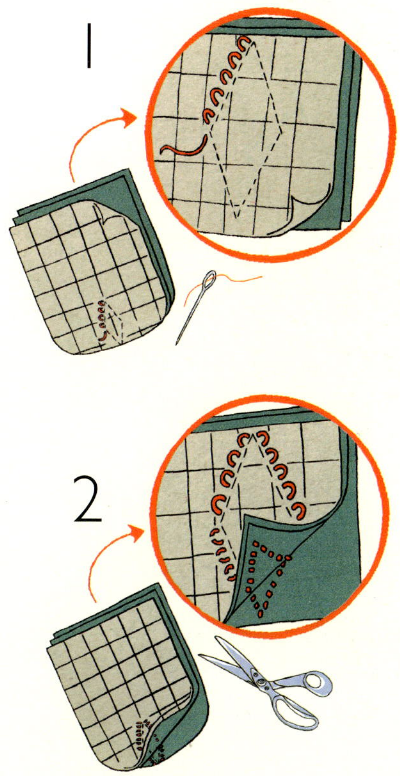

Futter und Futtertaschen

Zu den Modellen dieses Buchs gibt es – bis auf wenige Ausnahmen – auch eine Anleitung für das passende Innenfutter. Mögen Sie es allerdings etwas ausgeklügelter, z. B. mit Innenfächern und Aufteilungen, dann können Sie anhand der folgenden Anleitung Ihre individuelle Innenfutteraufteilung selbst entwerfen und nähen.

Aufgesetzte Innentasche

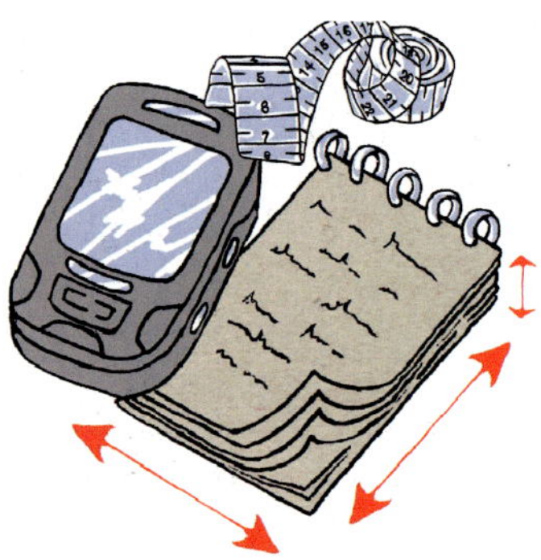

1 Zunächst die größten Gegenstände, die in die Tasche passen sollen, ausmessen: Breite x Länge x Höhe.

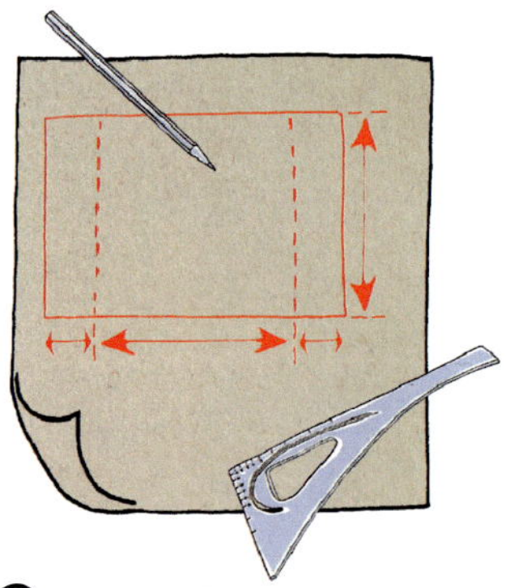

2 Dann die Maße auf Schnittpapier übertragen.

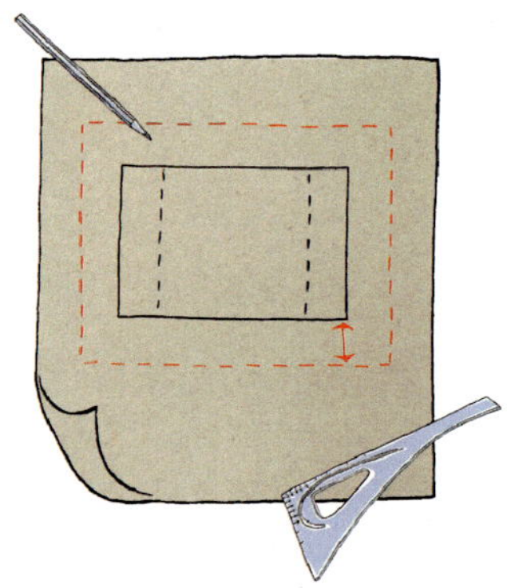

3 Um diese Grundform einen Spielraum von 3 cm und eine Nahtzugabe von 1 cm zugeben, das sind ringsum 4 cm.

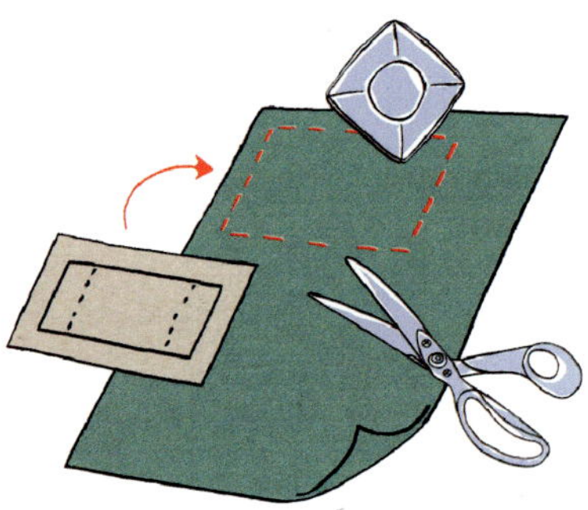

4 Das fertige Schnittteil mit Kreide auf den Stoff übertragen und ausschneiden.

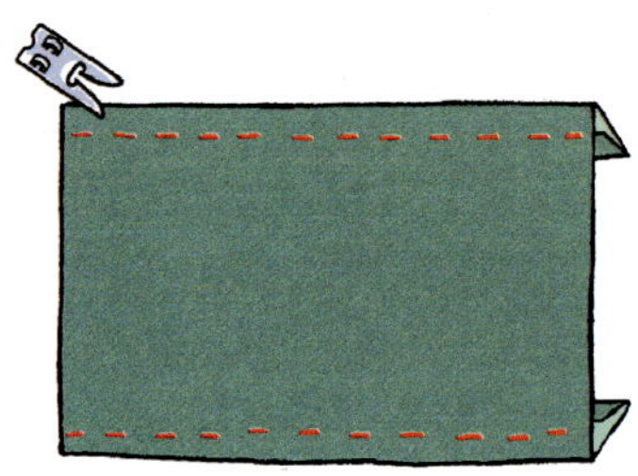

5 Obere und untere Kante zweimal 1 cm einschlagen und festnähen.

6 Seitliche Kanten zweimal 1 cm einschlagen und festnähen.

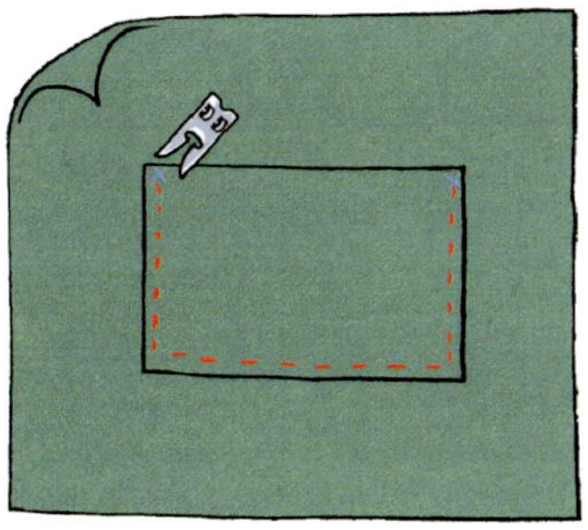

7 Fertigen Taschenbeutel an die gewünschte Stelle nähen.

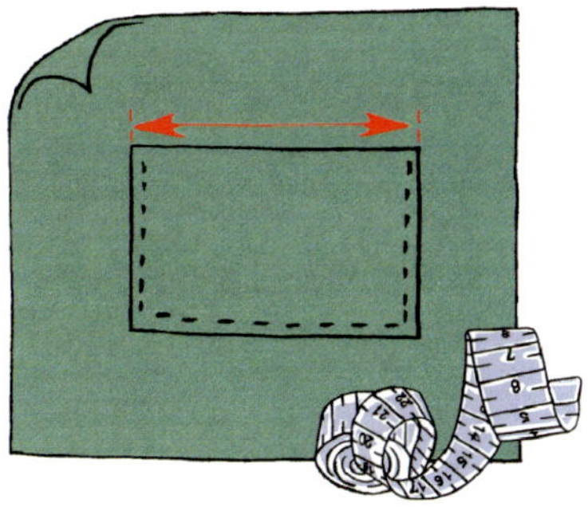

8 Zusätzlich kann eine Klappe konstruiert werden. Dazu die Breite des zuvor genähten Taschenbeutels ausmessen.

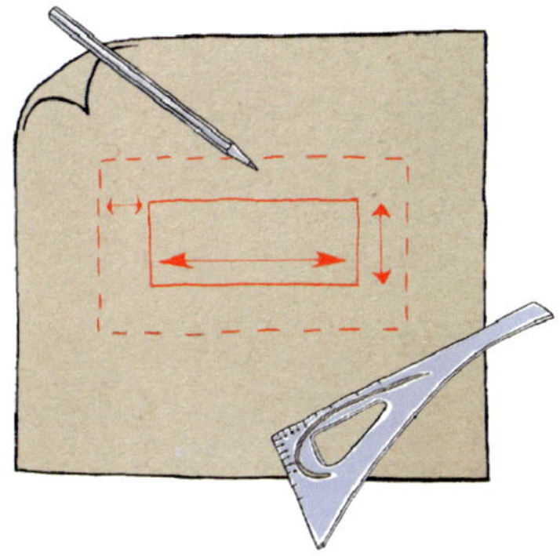

9 Mit der ausgemessenen Breite und der gewünschten Höhe ein Rechteck zeichnen und ringsum eine Nahtzugabe von 2 cm zugeben.

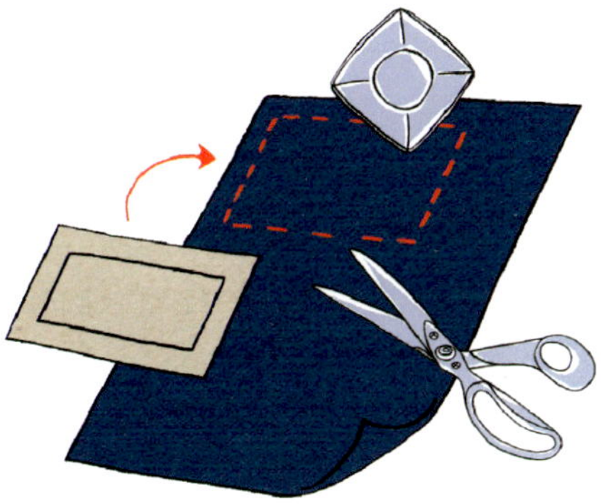

10 Das fertige Schnittteil mit Kreide auf den Stoff übertragen und ausschneiden.

11 Obere und untere Kante zweimal 1 cm einschlagen und festnähen.

12 Seitliche Kanten zweimal 1 cm einschlagen und festnähen.

13 Klappe rechts auf rechts auf den Stoff legen, dabei einen Abstand von 1,5 cm zum Taschenbeutel lassen. Entlang der unteren Kante festnähen.

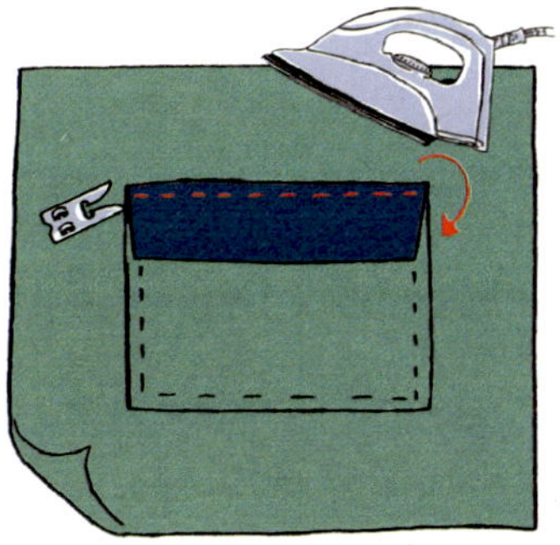

14 Klappe nach unten schlagen, kurz bügeln und gegensteppen.

Tipp

Die Innentaschen können auch außen auf die Tasche genäht werden.

Reißverschlusstasche

Da Sie nun gelernt haben, wie Sie Ihre individuelle Innenfutteraufteilung kreieren, möchten wir Ihnen auch gerne zeigen, wie Sie Ihre neu erworbenen Kenntnisse noch erweitern können: Ein Reißverschlussfach ist einfach ideal, um Ihre tief verborgenen Schätzchen vor Langfingern zu schützen.

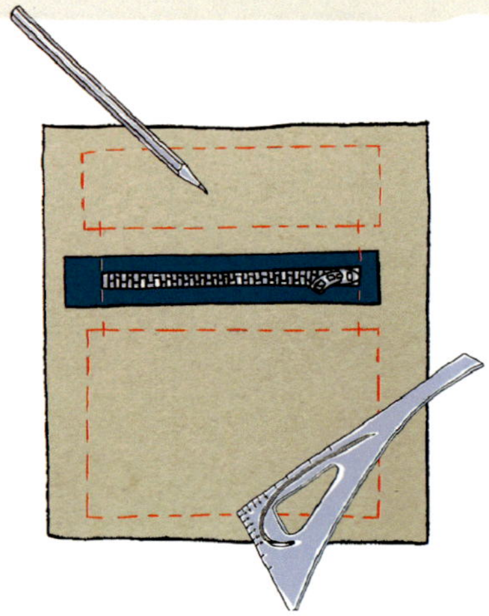

1 Reißverschluss nach Wahl ausmessen. Zu der Reißverschlusslänge an beiden Seiten je 1 cm hinzufügen, aus diesem Maß zwei Rechtecke konstruieren (z. B. RV-Länge 20 cm + zweimal 1 cm = 22 cm = Basislänge).

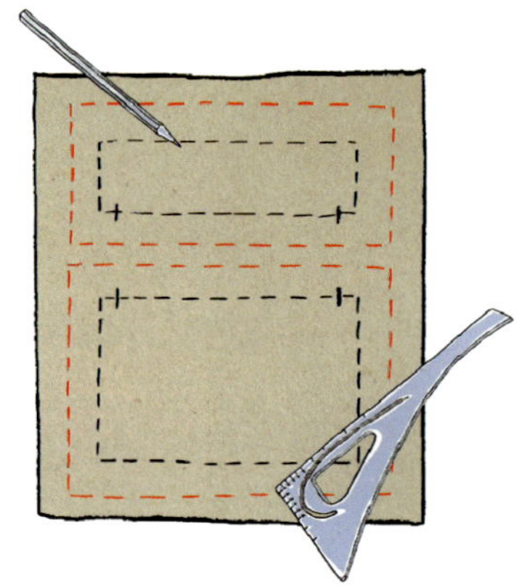

2 Zu den konstruierten Rechtecken aus Schritt 1 ringsum 4 cm Nahtzugabe zugeben.

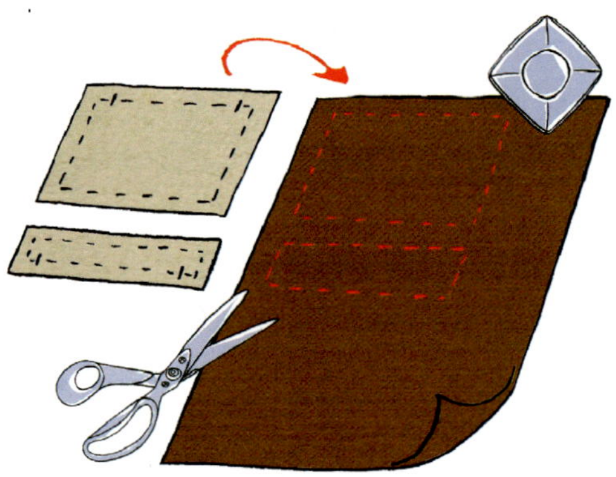

3 Fertige Schnittteile mit Kreide auf den Stoff übertragen und ausschneiden.

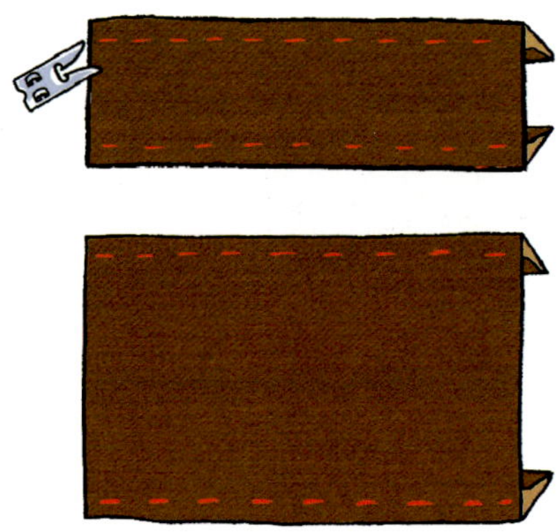

4 Die oberen und unteren Kanten zweimal 1 cm einschlagen und festnähen.

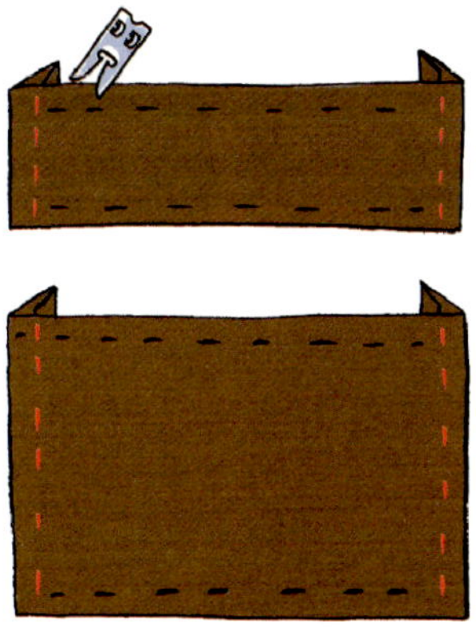

5 Die seitlichen Kanten zweimal 1 cm einschlagen und festnähen.

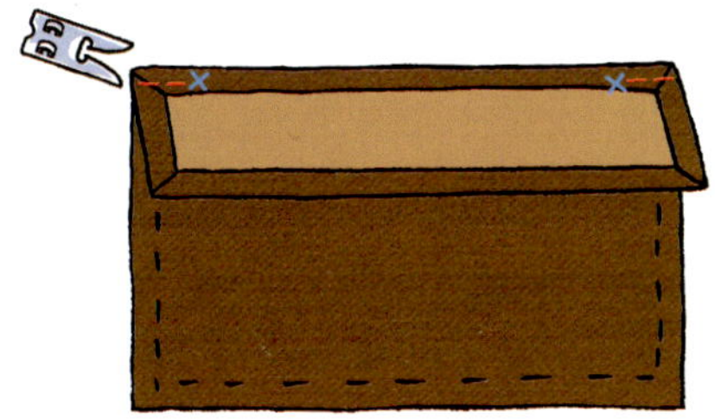

6 Beide Taschenteile rechts auf rechts legen – von den Außenseiten aus bis zum Reißverschlussanfang bzw. -ende. Die mittlere Strecke, die offen bleibt, dient zum späteren Einsetzen des Reißverschlusses.

7 Von links die Nahtzugabe flach bügeln.

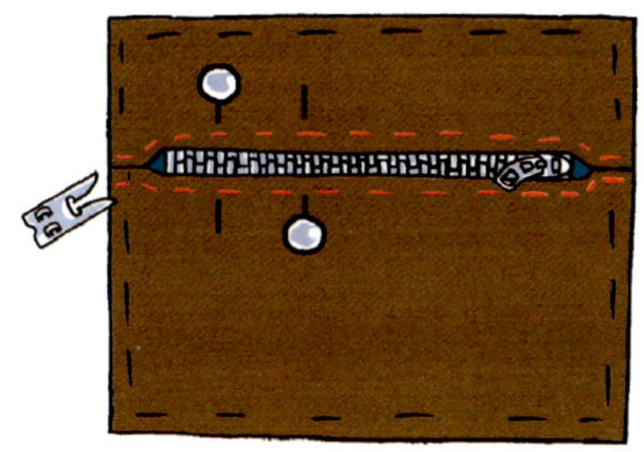

8 Den Reißverschluss von hinten an die Tasche legen und von rechts festnähen.

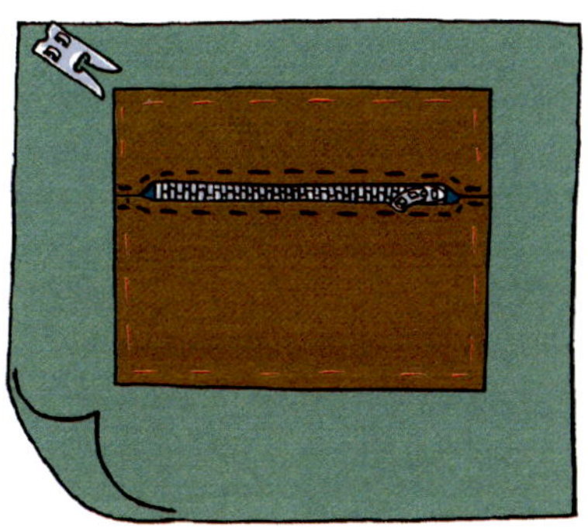

9 Die fertige Tasche auf die gewünschte Stelle platzieren und nähen. Fertig.

Design – Von der Idee zur fertigen Tasche

Natürlich können Sie sich kopfüber in das Nähen eines Ihrer Lieblingsmodelle aus diesem Buch stürzen. Falls Sie aber eine konzeptionellere Arbeitsweise für die Modell- und Kollektionsentwicklung bevorzugen, dann möchten wir Ihnen folgende Designer-Tipps nicht vorenthalten.

1. Recherche

Die Suche nach Materialien, Farben und Dekorationen sollte die Grundlage Ihrer ersten Kreationen bilden. Manchmal ist es ein zufällig aufgestöbertes Fundstück vom Flohmarkt oder Dachstuhl, das Ausgangspunkt einer ganzen Kollektionsentwicklung werden kann. Anregungen für Materialien haben wir Ihnen ja reichlich geliefert. Nun liegt es an Ihnen, die besten Zusammenstellungen für Ihre Tasche zu arrangieren.

2. Moodboard

Um sich einen Überblick über Materialien, Farben und sonstige gesammelte Inspirationen zu machen, bedienen sich professionelle Designer eines *Moodboards* (frei übersetzt: *Inspirations-Brett*). Auf einer Tafel oder Pinnwand können Sie Ihre Proben, Stoffschnipsel, Farbkarten, Fotos, Zeitungsausschnitte, also alles, was Sie inspiriert, zu einer Stimmungscollage zusammenfügen und überprüfen, ob Ihre Ideen harmonieren und sich ein Stil bzw. ein Konzept ablesen lässt.

3. Sketchbuch

Das Sketchbuch sollte Sie täglich begleiten. Gewöhnen Sie sich an, interessante Details des Alltags kurz zu skizzieren, Schnipsel einzukleben und Notizen dazu zu machen. Im Sketchbuch sammeln Sie Ideen, Stoffe und Skizzen. Ein Sketchbuch dokumentiert somit auch eine Entwicklung von diffusen ersten Ideen bis zur Spezialisierung auf ein Thema.

4. Entwurfskizzen

Sie können Ihre gesammelten Ideen nun in erste Entwürfe umsetzen. Auch wenn Sie anfänglich grobe Skizzen gemacht haben, achten Sie darauf, nun sehr detailgetreu zu arbeiten. Je genauer Sie Ihre Vorstellung zu Papier bringen, desto einfacher wird Ihnen die Umsetzung fallen – besonders, wenn Sie externe Hilfe in Anspruch nehmen. Denken Sie auch an Seitenansicht und Rückseite Ihres Entwurfs. Falls Sie nicht gut zeichnen können, helfen Sie sich mit Collagen oder pausen Sie knifflige Details mit Kalkpapier durch.

> „Was den guten Geschmack angeht, so ist das Accessoire stets ein Balanceakt. Eine Handtasche kann einem Outfit entweder den letzten Schliff verleihen — oder es kaputtmachen.“
>
> Valentino Garavani

Die hier im Buch präsentierten Modellvorschläge können Sie selbstverständlich auch als Inspirationsquelle für weitere oder abgewandelte Taschenideen verwenden. Verfahren Sie wie in einem Baukastensystem und kombinieren Sie Ihre Lieblingsdetails zu neuen Variationen.

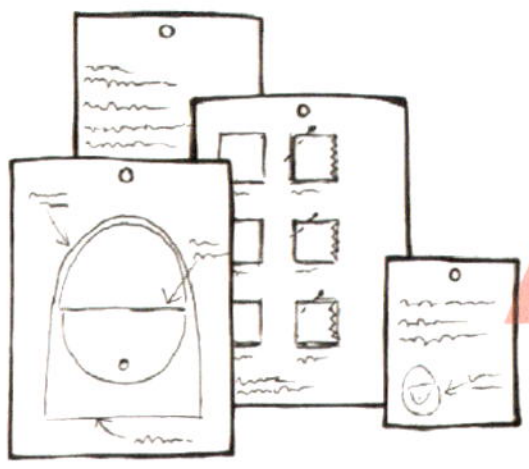

5. Materialauswahl

Fast parallel zur Entwurfsentwicklung treffen Sie auch die finale Auswahl Ihrer Materialien. Die Stoffe und sonstigen Materialien sollten Ihren Entwurf unterstützen. Vergessen Sie nicht, regelmäßig einen Blick auf Ihr *Moodboard* zu werfen, um zu kontrollieren, wie weit Sie von Ihrer ursprünglichen Idee abweichen. Bevor Sie in den Zuschnitt gehen, machen Sie ein paar Proben mit der Nähmaschine, um zu sehen, wie sich das Material Ihrer Wahl verhält und verarbeiten lässt. Sie sollten eine klare Vorstellung davon haben, ob Ihr Modell eher weich und knuffig oder stabil und fest werden soll. Achten Sie bei der Zusammenstellung Ihrer Materialien auch auf die kleinen Details (z. B. Farben und Größen von Zierbändern, Reißverschlüssen und Innenfutter).

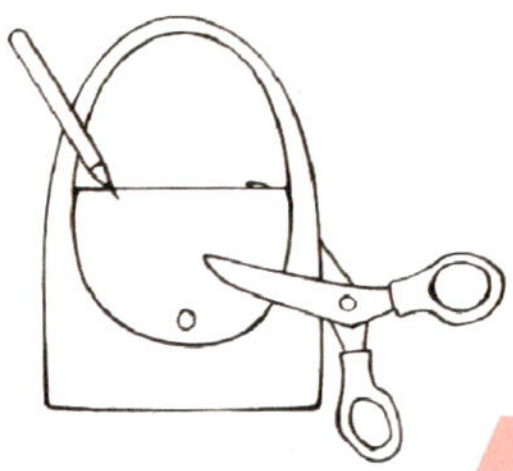

6. Schnittentwicklung

Bevor Sie anfangen, einen Schnitt für eine Tasche zu entwickeln, machen Sie sich erst eine genaue Skizze von dem Modell, am besten von Vorder- und Rückseite sowie dem Seitenteil. Je genauer die Vorstellung ist, desto besser lässt sich der Schnitt für die Tasche entwickeln.

Falls Sie sich noch nicht die Entwicklung Ihres eigenen Taschenschnitts zutrauen, fangen Sie mit einem einfachen viereckigen Modell an oder nehmen Sie sich zuerst einen unserer Schnitte aus dem Buch vor, der Ihrem Entwurf am nächsten kommt. Auf dieser Grundlage lassen sich beliebige Modifikationen vornehmen. So können Sie schon im Zuschnitt die Größe und Proportion des Taschenkörpers verändern sowie diverse Details wie z. B. den Henkel-Typ. Die grundlegenden Prinzipien, um mit den Schnitten des Buches zu arbeiten, finden Sie auf Seite 14.

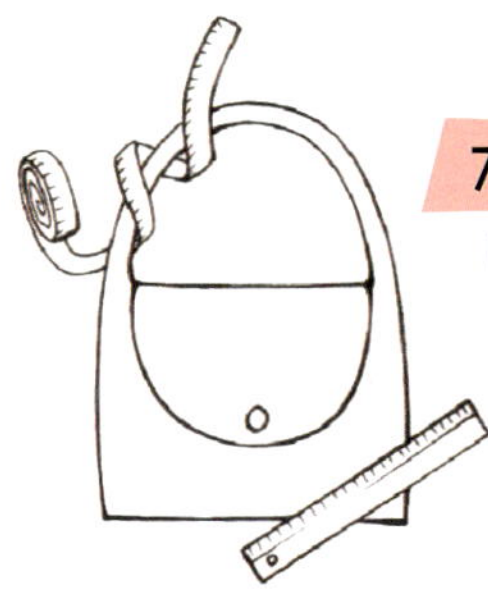

7. Tryout

Hilfreich ist es auch, ein Probemodell aus preiswertem Stoff zu nähen. Dann können Sie zuerst einmal prüfen, ob das dreidimensionale Objekt auch Ihren Vorstellungen entspricht, gerade was die Größe angeht. Am besten, Sie hängen sich oder einer dritten Person das Modell einmal um die Schulter und stellen sich vor den Spiegel. Dann gegebenenfalls Korrekturen auf dem Probemodell einzeichnen oder abstecken. Die Korrekturen auf den Schnitt übertragen. Um sicherzugehen, sollten Sie ein letztes Tryout nähen, bis Sie mit der Tasche zufrieden sind.

8. Finale

Wenn Sie überzeugt sind, dass Materialkombination und Proportionen der Tasche passen, können Sie das Modell endlich aus echtem Stoff nähen.

Das WHO IS WHO der Taschen

Die *Weekender-Bag:* Jetsetter

Gattung: Unisex-Taschen
Natürlicher Lebensraum: Flugzeug, Eurostar, Geschäftstermin

Eine *Weekender-Bag* ist ihrem Namen nach eine Tasche, in die genau die Dinge passen, die man für ein Wochenende benötigt. Ausgestattet mit vielen praktischen Innenfächern, ist sie mittlerweile die erste Wahl von reiselustigen Damen, denen der Rucksack oder Trolley zu konform ist. Sie ist aber nicht nur etwas für Jetsetterinnen, sondern auch für verwöhnte Bankiersgattinnen und ganz normale Hausfrauen, die beim Ausflug zum Nordseestrand eine stilgerechte Tasche dabei haben wollen. Aber selbst wenn Sie nicht vorhaben zu verreisen, ist die *Weekender-Bag* auch die perfekte Tasche für jeden Tag, wenn frau mal wieder von einem Termin zum anderen hetzen muss. Die Trägerin dieser Tasche hat wahrscheinlich gern immer das Nötigste bei sich – eine große Wasserflasche, das ein oder andere Kleidungsstück zum Wechseln, den Laptop, die Kamera und das Handy und natürlich viel Kosmetik – und ist so spontan auf alles vorbereitet. Die Trägerin könnte allerdings auch einen leichten Hang zu Chaos und Unordnung haben, denn in so einer Riesentasche verliert man leicht den Überblick.

Die *Tote-Bag:* Die Aktivistin

Gattung: City-Shopper
Natürlicher Lebensraum: Bio-Supermarkt, Park, Demo

Die *Tote-Bag* (übersetzt: *Tragetasche*) gibt es in verschiedenen Variationen. Von der einfachen Baumwolltasche aus dem Supermarkt bis hin zur reich dekorierten *Babuschka-Tote* von Gucci. Dieser Stil ist gerade groß in Mode, weil er einfach und umweltfreundlich ist und Political Correctness signalisiert.

Vor etwa 30 Jahren fand die *Tote* ihren Weg in die große Welt der Mode. Damals startete sie als Accessoire umweltbewusster Herrschaften ihre Weltkarriere und machte als Jute-statt-Plastik-Tragetasche auf ökologischen Notstand und fairen Handel aufmerksam. Als offen bekundetes Umweltbewusstsein immer mehr zum Fashion-Statement avancierte, erwuchs auch die *Tote* langsam zur echten Handtasche. Designer interpretierten sie in neuen Materialien und edlem Leder und rundeten die Neuerscheinungen mit neuen Henkeln, gerade so lang, dass die Tasche elegant in der Armbeuge getragen werden konnte, ab.
Aber was genau unterscheidet nun die Tragetasche von der modischen *Tote?* Eigentlich nur das Bewusstsein der Trägerin. Mit der *Tote-Bag* macht man nun nicht mehr nur auf Missstände aufmerksam, sondern in jedem Fall auch auf sich selbst. Dabei ist Authentizität hier das Stichwort. Denn wer mit lauten Statements den moralischen Zeigefinger hebt, sollte mit gutem Beispiel vorangehen, sonst führt dies schnell zu Lästereien bei den Nachbarn.

Die *Hobo-Bag*: Bohemian Princess

Gattung: Beuteltaschen
Natürlicher Lebensraum: Kunstausstellung, Philosophen-Café, Alanis-Morisette-Konzert

Mit ihrem sichelförmigen Körper und ihrem langen Henkel wird die *Hobo-Bag* über der Schulter oder (neuerdings schwer in Mode) quer über dem Köper getragen. Es gibt sie in allen erdenklichen Farben, besonders in erdigen Naturtönen, meist aus weichem Material, wie Leder oder Baumwolle. Aufgrund ihrer Beschaffenheit ist sie entsprechend knautschig, was ihrer Trägerin zu einem lässigen Outfit verhilft und deren Bohemian-Look perfekt macht. Die *Hobo* ist somit also *Boho*. Für diejenigen, denen das jetzt zu verwirrend ist, sei das Wortspiel kurz erklärt: *Hobo* bedeutet soviel wie Landstreicher, *Bohemian* oder Lebenskünstler. Den *Boho-Look* tragen meistens Frauen mit künstlerischen, intellektuellen Tendenzen, die sich auch gerne über konventionelle Regeln oder das, was gerade in ist, hinwegsetzen. Wenn Sie also einen eleganten, alternativen Hippiestil bevorzugen und mit Freude lange Röcke aus fließenden Stoffen, bestickte Tuniken, Gürtel mit großen Schnallen und bestickte Stiefel tragen, wählen Sie dazu noch die *Hobo-Bag* und Ihr Outfit ist perfekt.

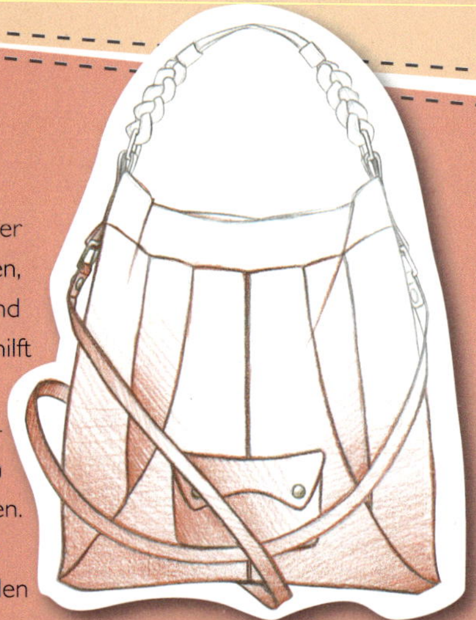

Die *Clutch:* Schönheit des Abends

Gattung: Abendtaschen
Natürlicher Lebensraum: Gala, Party, Oper, gehobenes Restaurant

Der Ausdruck *Clutch* kommt aus dem Englischen und leitet sich von "umklammern" und "festhalten" ab. Die kleine Diva unter den Handtaschen ähnelt mit einer Durchschnittsgröße von ca. 23 cm x 13 cm schon fast einem XXL-Portemonnaie. Darum kann man das kleine Schätzchen auch locker unter den Arm klemmen oder in der Hand halten. Hört sich unpraktisch an, aber die Trägerin eines solchen Schmuckstücks sollte mit ihrem dazugehörigen Outfit unwiderstehlichen Glamour versprühen – und der hat nichts mit Praktikabilität zu tun! Die *Clutch* wurde im Laufe der Jahre mit immer wilderen und glamouröseren Variationen getunt. Von Perlenstickereien, Schleifen, Kristallen und Federn bis hin zu feinsten Materialien wie Krokodilleder oder Nerz hat sie schon alles getragen. Aber eigentlich gilt die *Clutch* als dezentes Accessoire, das nicht von der eigentlichen Attraktion, der eleganten Dame und der Schönheit des Abends, ablenken darf. Der wenige Raum in der *Clutch* ist reserviert für VIP-Inhalte wie den cadillac-farbenen Lippenstift, die Kreditkarte und das Handy.

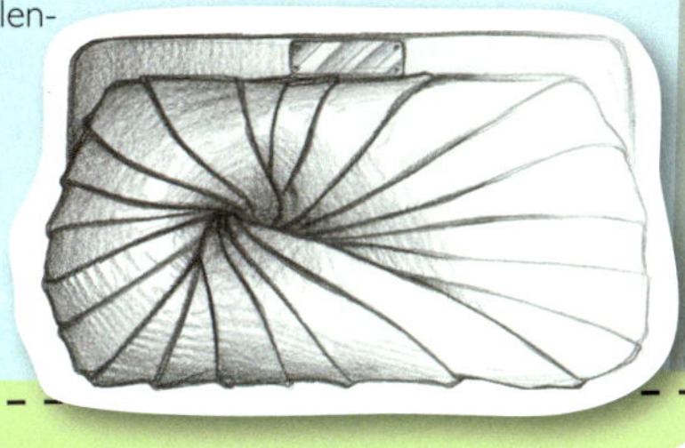

Die *Baguette-Bag*: Bag and the City

Gattung: City-Shopper
Natürlicher Lebensraum: Szene-Café, In-Club, erstes Date

Das längliche Modell war Ende der 90er-Jahre die ultimative Taschenform. Der Meilenstein für die erste *It-Bag* wurde gesetzt, als 1997 das Modehaus Fendi seine Baguette aus den 20ern neu interpretierte und von Sarah Jessica Parker in der Kult-Serie *Sex and the City* durch das aufregende Großstadtleben New Yorks getragen bzw. in Szene gesetzt wurde.
Die Baguette Bag lässt sich natürlich unter den Arm geklemmt tragen, ebenso wie die Franzosen es mit ihrem Brot zu tun pflegen. Sie ist jedoch etwas flexibler als die *Clutch*, denn sie besitzt einen Henkel, gerade lang genug, um über der Schulter getragen zu werden, weshalb sie für manche auch als die Zicke unter den Handtaschen gilt. Wir jedoch blicken sehnsuchtsvoll zurück in die 90er, die Ära der Baguette, die für uns die ultimative *Bag-in-the-City* ist.

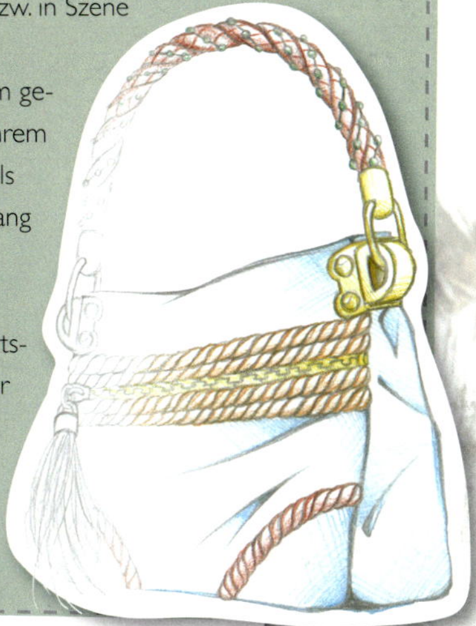

Die *Pochette*: Mini-Allrounder

Gattung: Abendtaschen
Natürlicher Lebensraum: After-Work-Party, lebt gerne in anderen, größeren Taschen

Der Begriff stammt aus dem Französischen und bedeutet soviel wie Hülle, Tüte, Ziertuch oder Umschlag. Die *Pochette* ist eine sehr handliche, besonders flache und elegante Damenhandtasche. Sie ähnelt in Form und Größe der zuvor beschriebenen *Clutch* und bietet der Trägerin vermutlich ähnlich viel Stauraum wie diese. Durch ihre knuffige Form lässt sie sich auch besonders leicht in einer zweiten, größeren Tasche verstauen. Anders als die *Clutch* verfügt die *Pochette* auch über Henkel und wird demzufolge über der Schulter getragen. Sie ist also, lernt man sie einmal zu schätzen, alles in allem ein Mini-Allrounder. Also, meine Damen, wenn Sie demnächst Ihren *Weekender* für den Wochenend-Trip nach Paris packen, funktionieren Sie doch Ihre *Pochette* als Kosmetikbeutel um. Einmal den Inhalt im Bad des Hotelzimmers ausgekippt, haben Sie das perfekte Abend-Täschchen für Restaurant und Nacht-Club dabei.

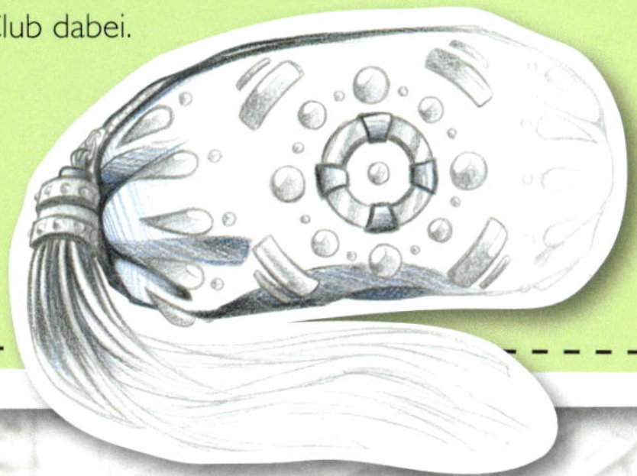

Die *Messenger-Bag*: Überbringerin guter Nachrichten

Gattung: Unisex-Taschen
Natürlicher Lebensraum: Hinterm Plattenteller, Uni, auf dem Fahrrad, Mutter-Kind-Café

Bekannt ist vielen dieser Taschentyp auch als Posttasche, Umhängetasche oder DJ-Tasche. Das sportliche Modell für jeden Tag ist äußerst unkompliziert, so wie seine Besitzerin wahrscheinlich auch. Besonders beliebt bei Schülerin, Studentin oder jung gebliebener Berufstätigen, die ihre Energie für andere Dinge als das lästige Tragen von Taschen benötigt, denn diese perfekte Begleiterin macht keine große Mühe beim Tragen und lässt den Armen genug Freiheiten für andere Dinge. Abgeleitet wurde dieses Modell, das auch gerne von Männern getragen wird, von der klassischen Briefträgertasche. Sie hat einen großen Überschlag und einen langen, verstellbaren und stabilen Umhängeriemen. Sehr gerne wird die *Messenger-Bag* aus robusten, abwaschbaren Materialien oder sogar recycelten Industrieabfällen gefertigt. In den 90er-Jahren gelang den Schweizer Freitag-Brüdern der große Durchbruch, indem sie *Messenger-Bags* aus recycelten LKW-Planen entwarfen und damit die Welt eroberten.

Herzallerliebst

Bei den Taschen ist es wie mit den Kleidern: Ein toller Stoff mit fröhlichem Print ist schon die halbe Miete! Und da fragen wir uns: Warum nicht mal Deko-Stoffe zweckentfremden? Ist Frottee nur was für Badenixen? Sind bunt bedruckte Vorhangstoffe nur fürs Fenster? Mitnichten! Ein herzallerliebstes Design auf Kanvas verlangt nicht nach komplizierten Schnitten und ausgeklügelten Details, um prachtvoll zur Geltung zu kommen. Vor allem Stoffe, die von Raumausstattern bevorzugt werden, bringen eine robuste Festigkeit mit, die sich prima für Handtaschen eignet.

Paparazzi-Pochette

Happy-Henkel

Wendemanöver

Na, Tascha

Wendemanöver

Werkzeug
Nähmaschine
Handnähnadel
Stecknadeln
Bügeleisen
Stoffschere
Schneiderkreide

Material
(Stoffbreite 140 cm)
Baumwollstoff mit Print, 80 cm
Baumwollstoff in Blau, 6 cm
Frotteestoff in Rosa, 45 cm
Elastikband, 2 cm x 44 cm
Nähgarn

Der Schnitt

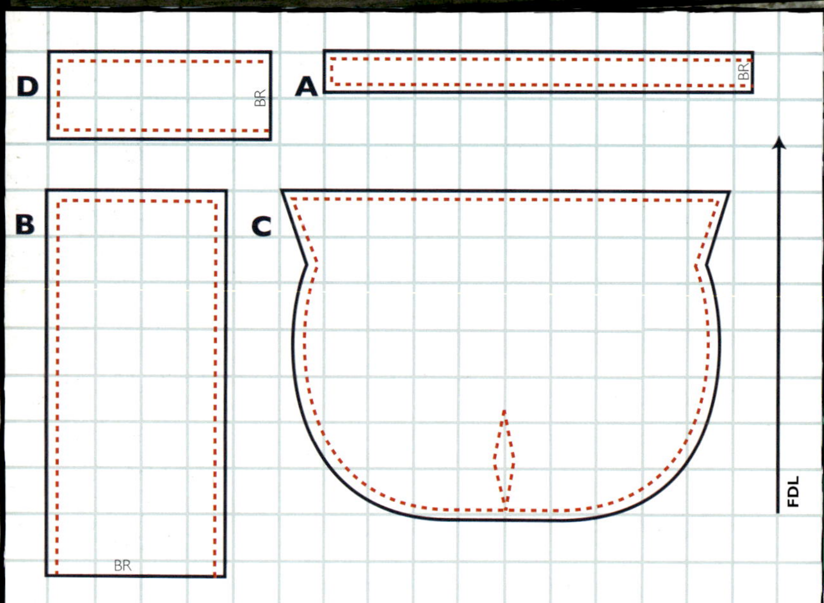

(1 Kästchen = 5 cm x 5 cm)

A Einfassband	1x Baumwollstoff in Blau
B Henkel	1x Baumwollstoff mit Print
C Hauptteil	2x Baumwollstoff mit Print, 2x Frottee
D Blende	4x Frottee

Wendemanöver

Wie hätten Sie`s denn gerne? Fluffig oder spektakulär? Mit dieser Wendetasche kommen auch launische Diven auf ihre Kosten. Die angesagte Hobo-Form entwickelt ihre volle Pracht, wenn sie so richtig vollgestopft wird mit allem, was die Stadt-Bohemian so braucht, z. B. Cardigan, flache Schuhe, Kosmetiktasche, Tüte Lakritz ...

1 Vergrößern und übertragen Sie alle Schnittteile und schneiden Sie diese wie angegeben zu. Übertragen Sie bei Schnittteil C auch den rautenförmigen Abnäher.

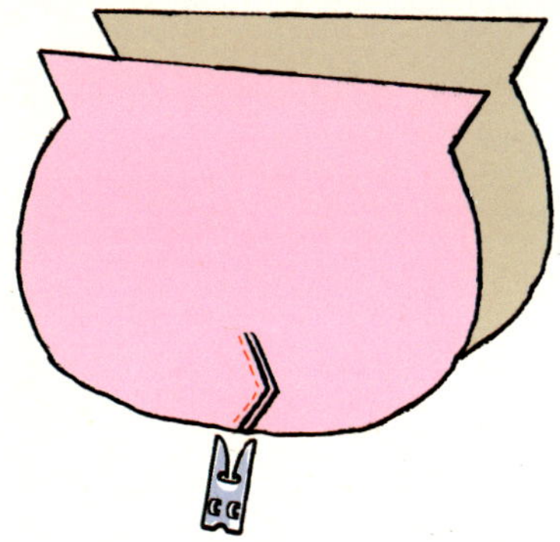

2 Für den Abnäher die Außenlinie der Raute an Frottee- und Baumwollstoff absteppen.

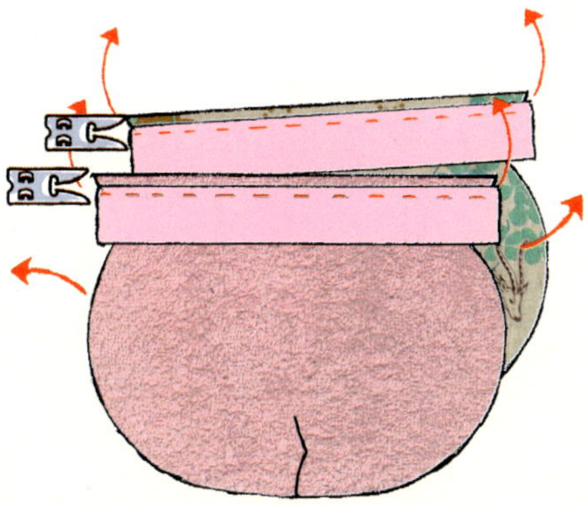

3 Die vier Blenden-Teile D jeweils auf die vier Hauptteile C an der oberen Kante rechts auf rechts nähen. Die Nähte auseinanderbügeln.

4 Dann die Außentasche rechts auf rechts zusammennähen.

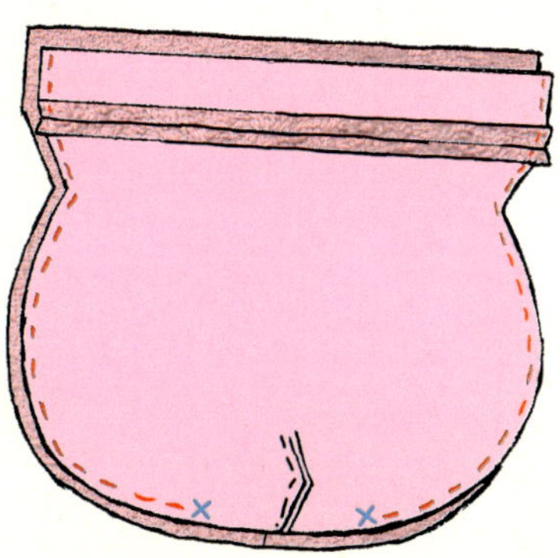

5 Für die Innentasche den Frottee rechts auf rechts zusammennähen und in der unteren Mitte eine 15 cm große Öffnung lassen.

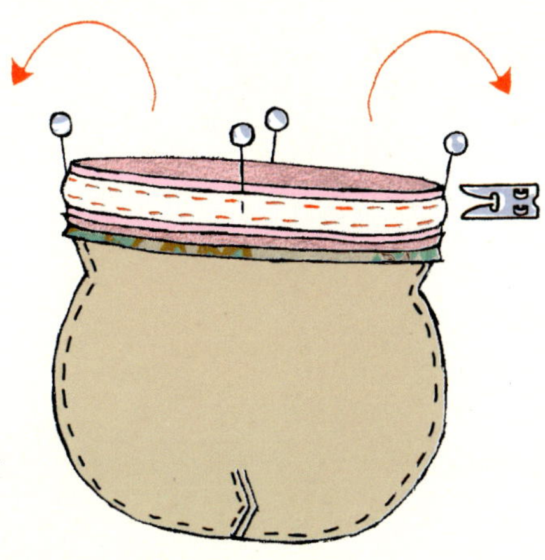

6 Das Elastikband an der kurzen Seite zusammennähen. Damit es auf die Blende der Außentasche genäht werden kann, das Band gedehnt an vier Punkten der Taschenblende fixieren und annähen. Danach die Tasche auf rechts wenden.

Tipp

Beim Nähen das Gummiband streckenweise von Stecknadel zu Stecknadel dehnen. Anfänger können auch mehr als 4 Stecknadeln zum Fixieren verwenden.

7 Den Henkel der Länge nach rechts auf rechts zusammennähen, wenden und bügeln.

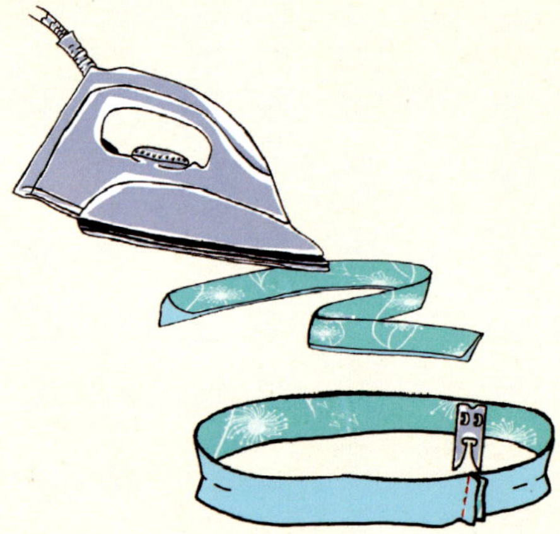

8 Das Einfassband der Länge nach halbieren, bügeln und wieder aufklappen. An der kurzen Seite zusammennähen und die Naht auseinanderbügeln.

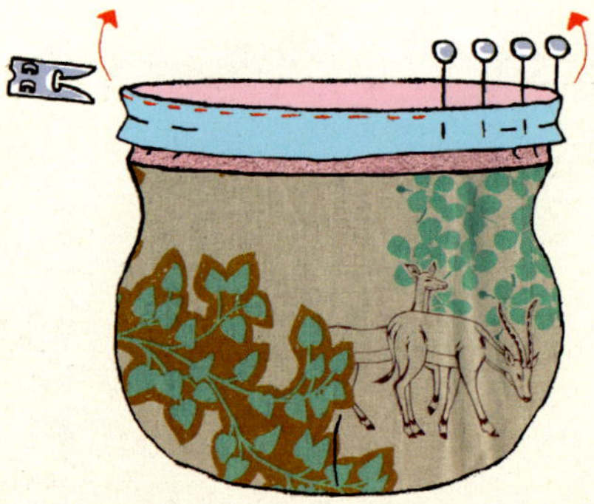

9 Das Einfassband rechts auf rechts auf die Blende des Hauptteils nähen.

10 An beiden Seiten der Außentasche die Henkel über den Swweitennähten knappkantig annähen.

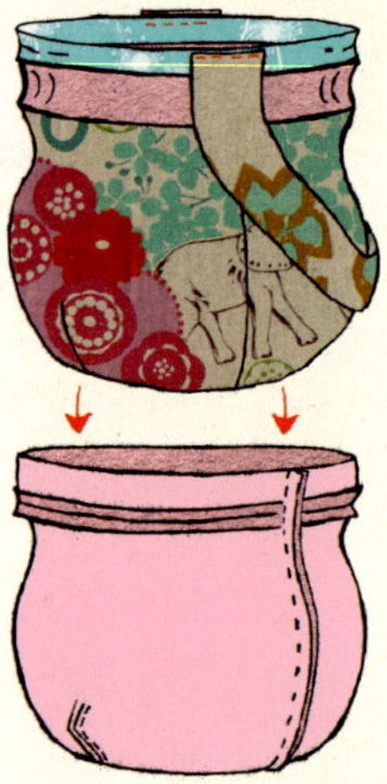

11 Nun die Außentasche in die Futtertasche stecken.

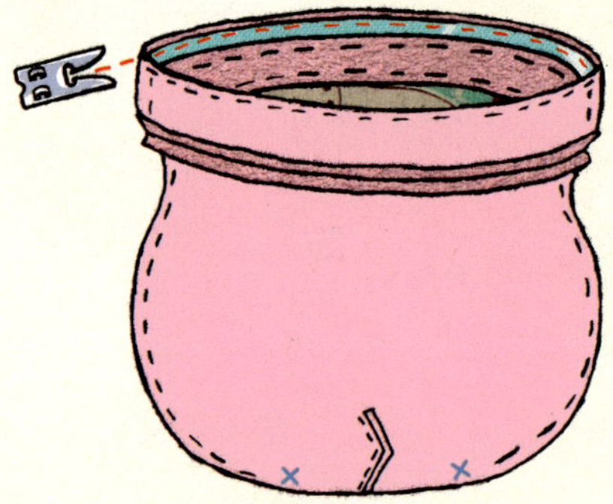

12 Das Einfassband an die Futtertasche nähen. Die beiden Nahtzugaben des Einfassbandes aufeinander nähen.

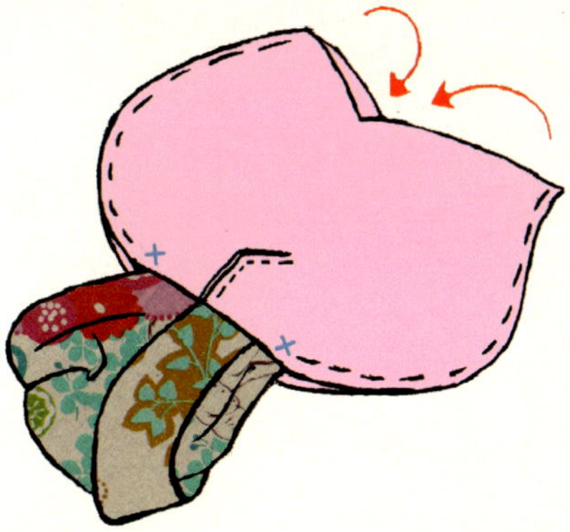

13 Nun die Tasche durch die Öffnung im Futterstoff nach außen wenden.

14 Die Blenden aufeinander abstimmen. Von rechts auf dem Elastikband zwei parallele Nähte steppen.

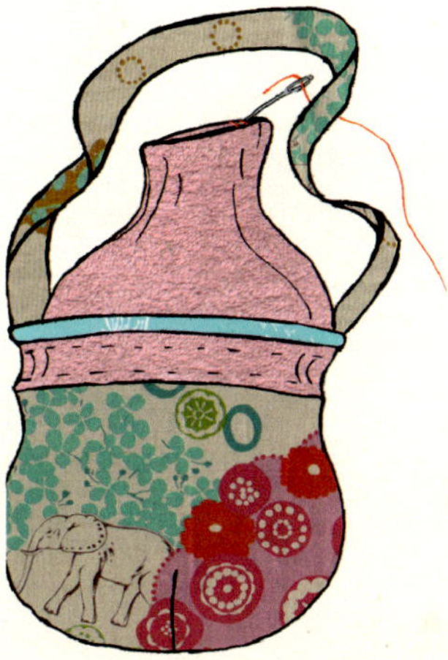

15 Die Öffnung im Frotteestoff von Hand mit Blindstichen schließen. Das schmale Einfassband nach dem Wenden noch einmal bügeln dann legt es sich besser.

16 Fertig.

außen/gewendet

Paparazzi-Pochette

Werkzeug

Nähmaschine
Handnähnadel
Stoffschere
Stecknadeln
Bügeleisen

Material

(Stoffbreite 140 cm)
Baumwollstoff mit Print, 20 cm
Frotteestoff, 15 cm
Baumwollstoff in Blau, 5 cm
Band mit Motiv, 1,5 cm x 6 cm
Knopf, Ø 1,5 cm
Nähgarn

Der Schnitt

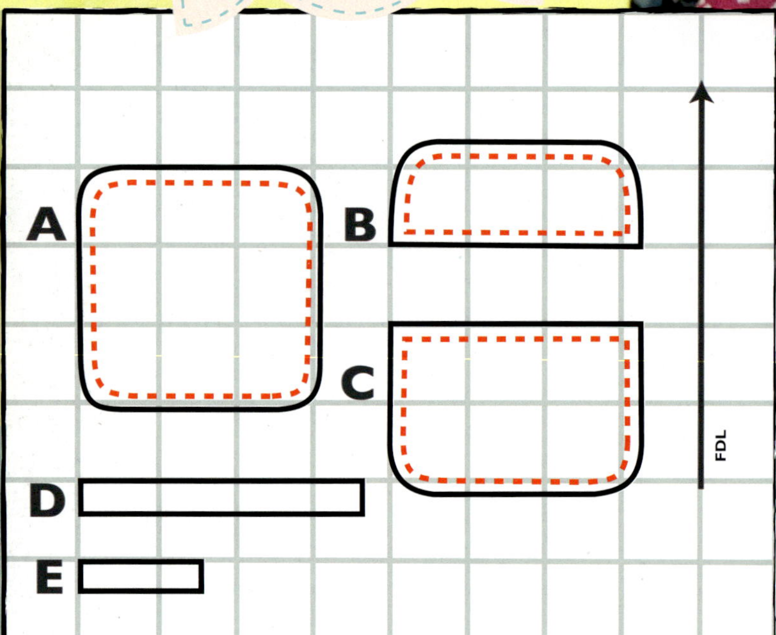

(1 Kästchen = 5 cm x 5 cm)

A Rückteil	1x Baumwollstoff mit Print
B Klappenblende	1x Baumwollstoff mit Print
C Vorderteil	1x Baumwollstoff mit Print, 2x Frottee
D Schließband (quer)	1x Baumwollstoff in Blau
E Knopf-Schlaufe	1x Baumwollstoff in Blau

Paparazzi-Pochette

Das kreative Chaos macht leider auch vor unseren Handtaschen nicht Halt. In Seitenfächern gammeln alte Bonbons und Lippenstiftdeckel vor sich hin. Ein Blick in die Tasche offenbart die durcheinander gepurzelte Welt der Frau. Aber was tun, um wenigstens die neue Digitalkamera und das iPhone zu schonen und schick zu verpacken? Die Paparazzi-Pochette ist die Lösung! Mit dem Printmuster ist sie schnell zu finden, wenn der Fernsehstar aus der Lieblings-Soap im selben Nachtclub auftaucht.

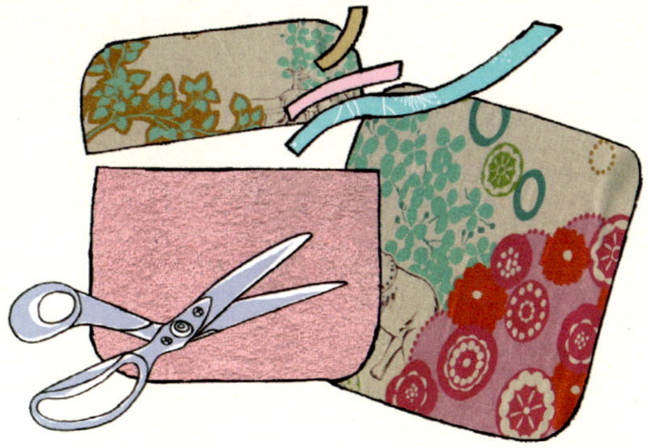

1 Vergrößern und übertragen Sie alle Schnittteile und schneiden Sie diese wie angegeben zu.

2 Das Schließband der Länge nach halbieren, bügeln und jede Kante nochmals 0,5 cm einschlagen, bügeln und knappkantig absteppen.

3 Dieses Band 2 cm vom oberen Rand auf die rechte Seite von Teil C legen und an beiden Seiten annähen. Knapp darunter das Band mit Motiv für die seitliche Schlaufe ansetzen und innerhalb der Nahtzugabe annähen.

4 Nun die Außentasche rechts auf rechts zusammennähen. 1 cm vor dem oberen Rand von Teil C stoppen und die Tasche wenden.

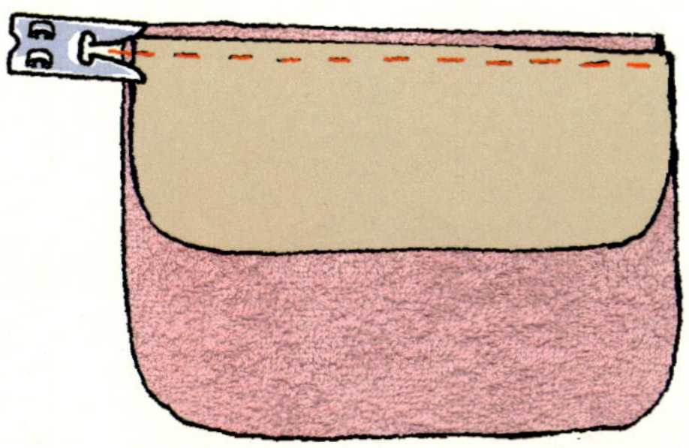

5 Für das Futter die Blende B und ein Frottee-Schnittteil C zusammennähen. Die Naht glatt bügeln.

6 Nun beide Frottee-Schnittteile C rechts auf rechts legen und die Seiten schließen. 1 cm vor dem oberen Rand stoppen. Unten in der Mitte eine 5 cm große Öffnung lassen.

Tipp

Diese Pochette lässt sich aus den Resten der Wendemanöver-Tasche nähen. So ein Set sieht immer sehr stylish aus!

7 Die Außentasche rechts auf rechts in die Innentasche stecken.

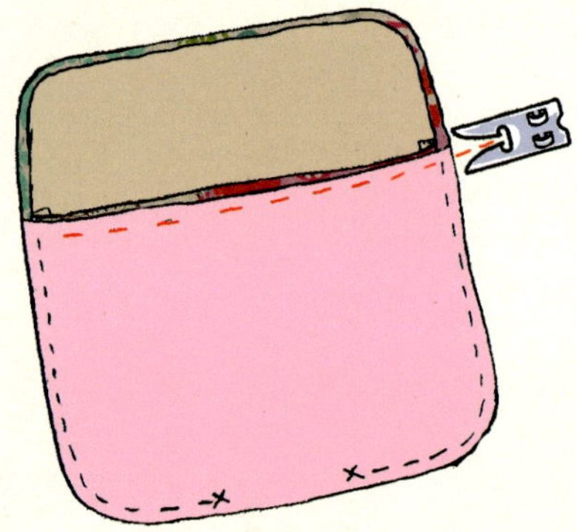

8 Den vorderen Rand von innen und die Außentasche von Naht zu Naht zunähen.

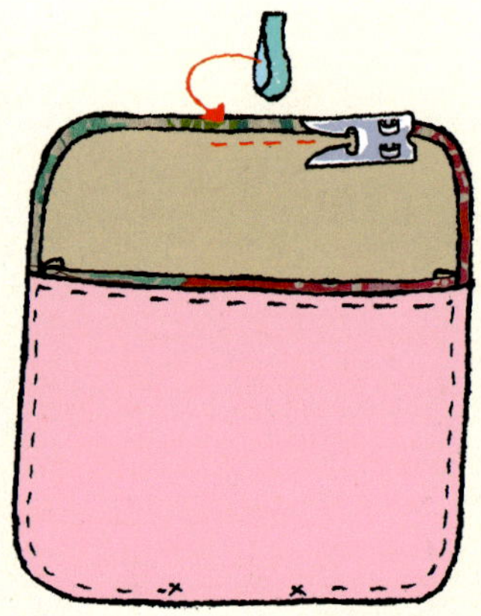

9 Die Schlaufe für den Knopf wie das Schließband (Schritt 2) anfertigen und zwischen Futter und Außentasche einfugen.

10 Die Blende B mit der Außentasche zusammennähen – von Naht zu Naht. Beim Schließen der Seiten darauf achten, dass die Naht übergangslos an die Vorderseite anschließt.

11 Alle Ecken und Rundungen zurückschneiden.

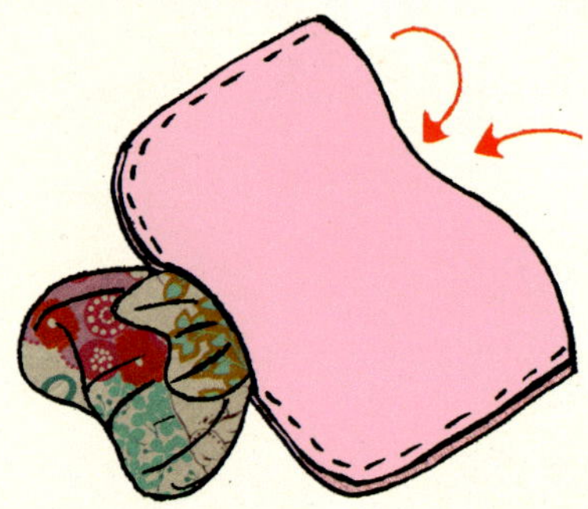

12 Die Tasche durch das Loch auf die rechte Seite ziehen.

13 Die Öffnung im Futter von Hand mit Blindstichen oder mit der Nähmaschine schließen.

14 Den Knopf auf die Vordertasche nähen.

Apropos Paparazzi

Heathrow Airport 2006: Skandalnudel Lindsay Lohan lässt ihre orangefarbene Lieblingstasche, eine Original Birkin Bag, unbeaufsichtigt auf ihrem Trolley stehen. Fünf Minuten später ist diese weg, samt Inhalt. Juwelen im Wert von 1 Million US-Dollar. Das arme Mädel flippt völlig aus, als sie den Diebstahl registriert und verspricht eine Belohnung für den Finder. Das gute Stück wurde zum Glück auch im Parkhaus des Flughafens wieder gefunden, die Belohnung allerdings nie ausgezahlt.

Übrigens

Happy-Henkel

Werkzeug

Nähmaschine, Nähnadel
Bügeleisen
Stoffschere
Papierschere
doppelseitiges Klebeband
Schneiderkreide, Stecknadeln

Material

(Stoffbreite 140 cm)
Baumwollstoff mit Print, 110 cm
Baumwollstoff in Blau, 100 cm
2 Holz- oder Pappringe, Ø 19 cm
Paspelband, ca. 29 m (1,15 m Tasche,
ca. 14 m pro Henkel von Ø 19 cm)
2 Karabinerhaken, 2 D-Ringe
Bundfix, 110 cm
Pappe oder feste Bügeleinlage, 16 cm x 31 cm
1 Druckknopf, Ø 1,5 cm
Nähgarn

Der Schnitt

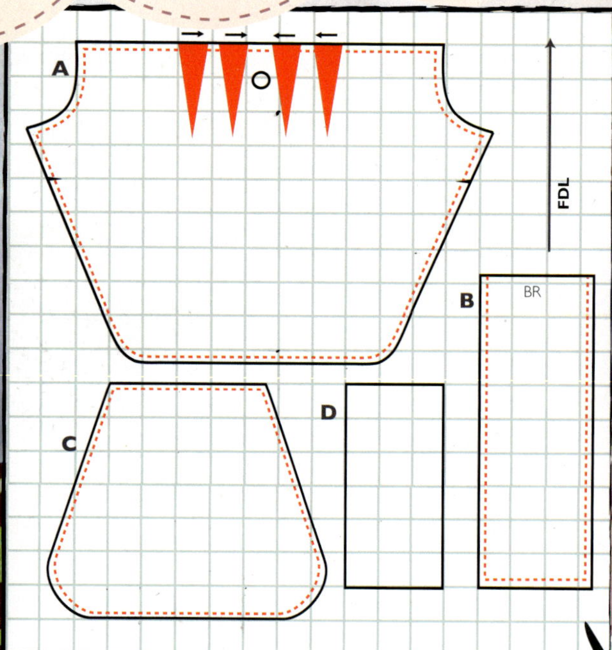

(1 Kästchen = 5 cm x 5 cm)

A Hauptteil	2x Baumwollstoff mit Print
B Seitenteil/Boden	1x Baumwollstoff mit Print, 1x Baumwollstoff in Blau
C Futterteil	2x Baumwollstoff in Blau
D Boden	1x Pappe/Einlage

Happy-Henkel

Wenn wir von Taschendesign sprechen, ist vor allem die Form der Tasche dem kritischen Blick einer Fashionista ausgesetzt. Dabei kann jedoch auch der Henkel ein echtes Schmuckstück sein und einer Tasche den besonderen Charakter verleihen. In diesem Fall haben wir einfach zwei Pappkreise mit Bändern umwickelt. Die Auswahl der Bänder überlassen wir Ihnen, sie sollten jedenfalls farblich zu dem Taschenmaterial passen. Zusätzlich haben wir dem Beutel noch einen langen Umhängeriemen verpasst. So können Sie diese Tasche entweder elegant in der Armbeuge oder sportlich quer über der Schulter tragen.

1 Vergrößern und übertragen Sie alle Schnittteile und schneiden Sie diese wie angegeben zu. Übertragen Sie die Falten der Teile A und die Markierungen für den Druckknopf.

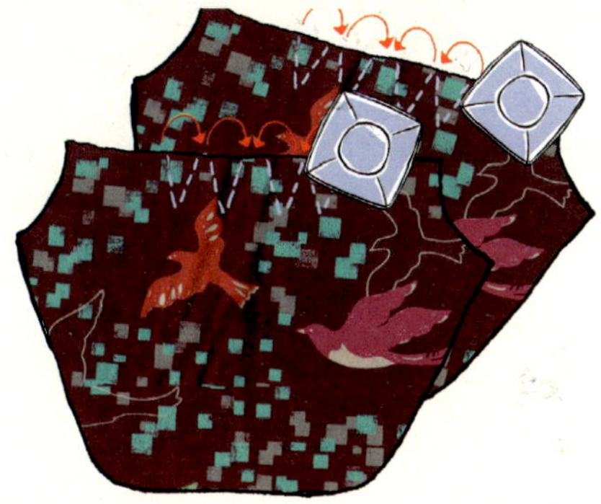

2 Legen Sie den Stoff der Teile A an den Markierungen nach innen in Falten.

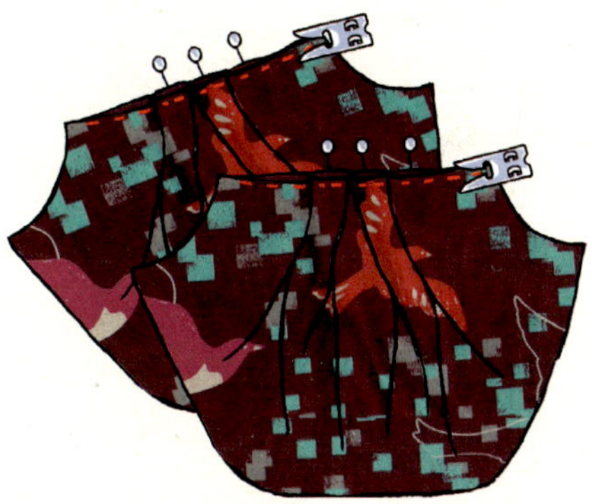

3 Die Falten feststecken und feststeppen, um diese zu fixieren.

4 Die Druckknopfhälften annähen oder einstecken.

5 Die Pappe oder Einlage D mittig auf Teil B (linke Seite) nähen bzw. bügeln.

6 Wenn Sie möchten, können Sie nun an die Außennaht von Vorder- und Rückteil das Paspelband steppen. Das sieht nicht nur schick aus, sondern gibt der Tasche auch am Rand mehr Festigkeit.

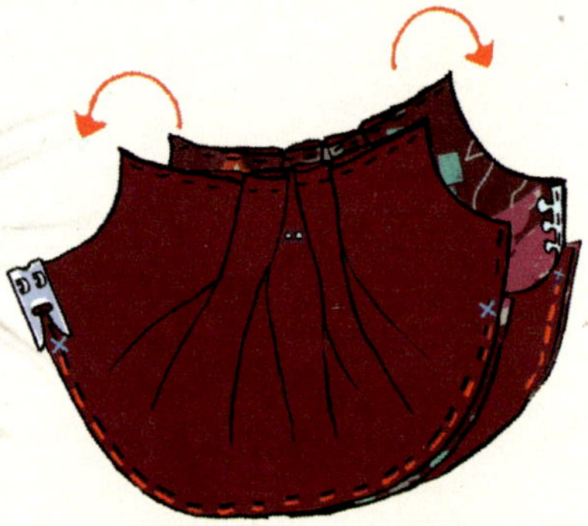

7 Nun Vorder- und Rückteil der Tasche mit dem Seitenteil B zusammennähen. Achtung: Nur bis zur Markierung an den Seiten von Schnittteil A nähen. 1 cm vor dem Ende von Teil B stoppen (Nahtzugabe). Jetzt auf rechts wenden.

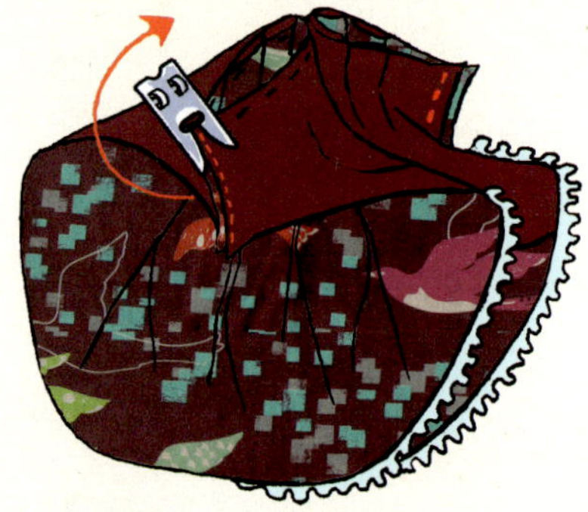

8 Die oberen seitlichen Zipfel nach außen klappen, beide seitlichen Kanten, also die gesamte Kurve, zusammennähen und das Ganze auf rechts wenden.

Tipp

Das Prinzip mit dem extra langen Trageriemen können Sie auch gerne auf andere Taschen mit kurzen Henkeln übertragen. Dadurch bekommt so ein Modell, wenn man es quer über den Körper trägt, einen lässigeren Touch.

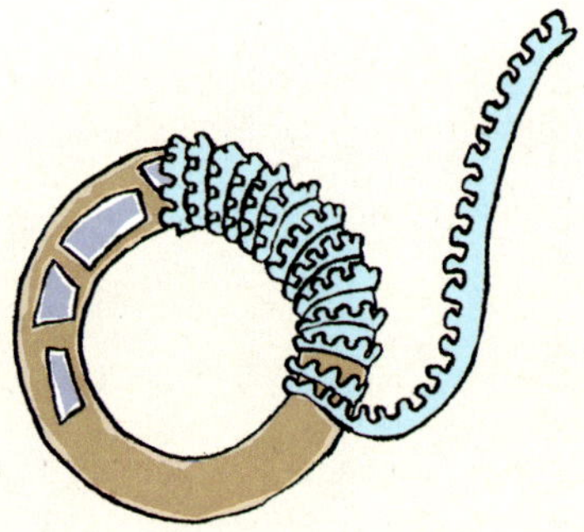

9 Falls nicht schon geschehen, nehmen Sie alte Henkel aus Holz oder schneiden Sie zwei Ringe aus dicker Pappe (Ø 19 cm) zu. Bekleben Sie diese mit doppelseitigem Klebeband und umwickeln Sie die Henkel mit dem Paspelband oder anderen, schönen Bändern. Das Ende können Sie mit ein paar Nadelstichen fixieren.

10 Die oberen Zipfel der Tasche können Sie jetzt von außen nach innen durch die Henkel ziehen und auf der unteren Stofflage festnähen. Achtung: Die Naht darf von außen nicht zu sehen sein, nähen Sie deshalb vorsichtig mit der Hand.

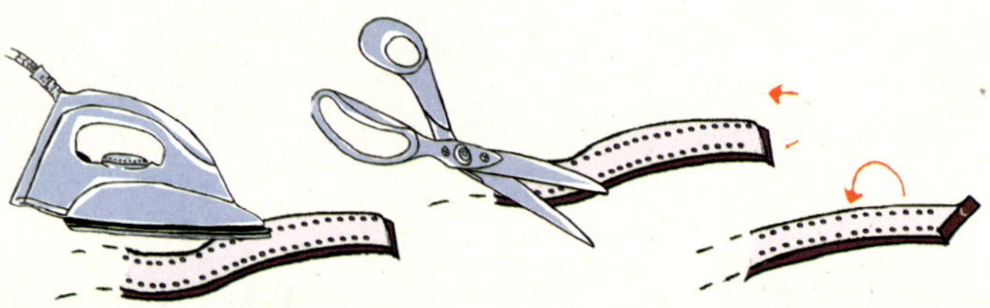

11 Für den langen Trageriemen aus dem Baumwollstoff mit Print einen Streifen von 8 cm x 110 cm zuschneiden und auf das Bundfix bügeln. Davon zwei je 6 cm lange Schlaufen abschneiden.

12 Trageriemen und Schlaufen an der Perforierung des Bundfix zusammenklappen und festnähen.

13 Die beiden Schlaufen jeweils mit einem D-Ring an die obere Kante der Seitenteile von innen feststeppen.

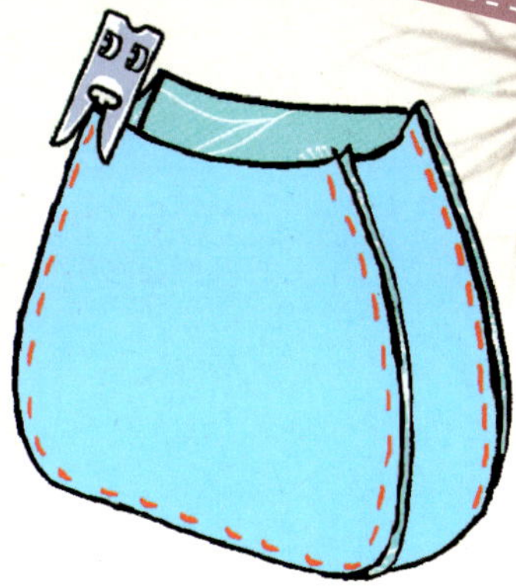

14 Nun die Teile aus Futterstoff zusammennähen.

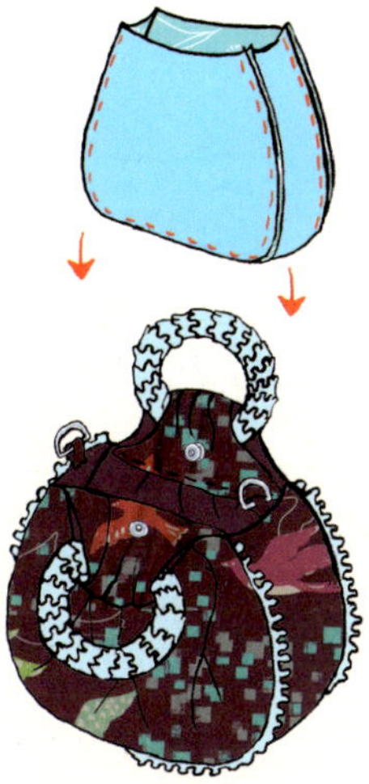

15 Dann die Futtertasche in die Außentasche stecken.

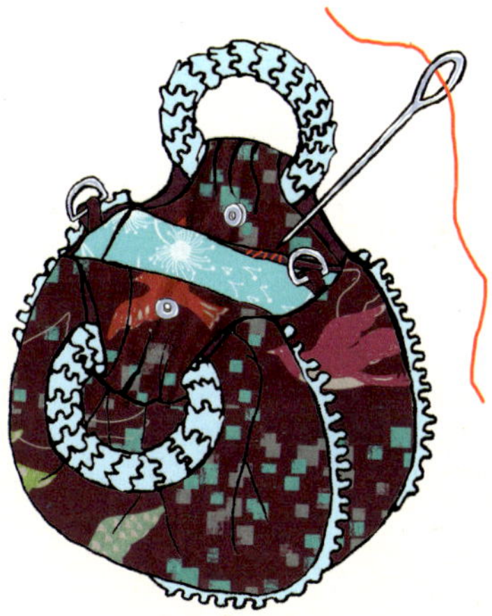

16 Das Futter von Hand einnähen: Am saubersten wird es mit Blindstich, dafür vorher 1 cm Nahtzugabe nach innen umbügeln. Profis dürfen sich gerne an der Nähmaschine versuchen.

17 Die langen Trageriemen in die Karabinerhaken fädeln und feststeppen. Die Riemen an der Tasche einhängen. Fertig.

Na, Tascha

Na, Tascha

Dieses kesse Taschenmodell ist inspiriert vom allerliebsten Kleidungsstück der weiblichen Gattung: dem Rock. Der herrlich bunt bedruckte Baumwollstoff rüscht sich bauschig zusammen und lässt die Blende dadurch wie eine Taille erscheinen. Sehr kokett! Damit die Tasche auch richtig „rockt“, haben wir sie noch mit passenden Bändern verziert und einen fertigen Henkel angebracht. So ist sie selbst für Anfängerinnen einfach herzustellen.

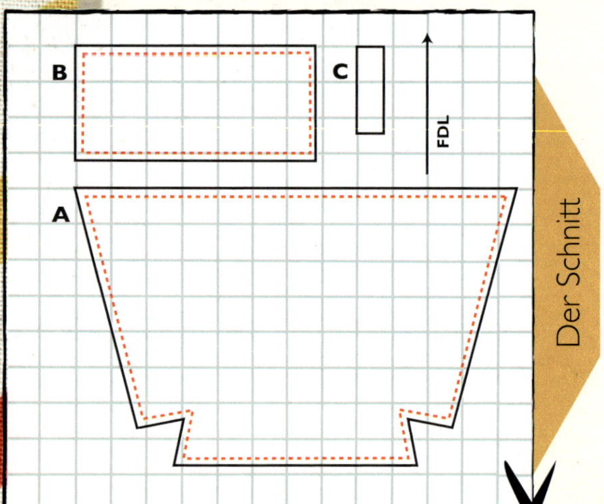

(1 Kästchen = 5 cm x 5 cm)

A Hauptteil	2x Baumwollstoff mit Print
B Blende	2x Cord in Braun
C Schlaufen	4x Cord in Braun

Werkzeug

Nähmaschine
Stecknadeln
Bügeleisen
Stoffschere
Papierschere

Material

(Stoffbreite 140 cm)
Baumwollstoff mit Print, 45 cm
Cord in Braun, 20 cm
Borte, gestreift, 3 cm x 80 cm
Zickzackborte in Rot, 70 cm
Nähgarn

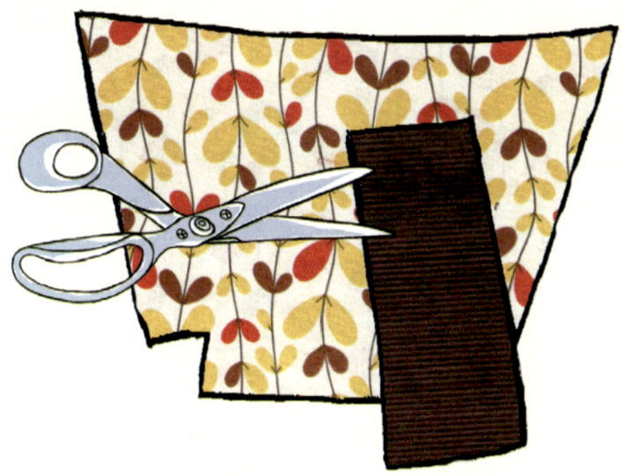

1 Vergrößern und übertragen Sie alle Schnittteile und schneiden Sie diese wie angegeben zu.

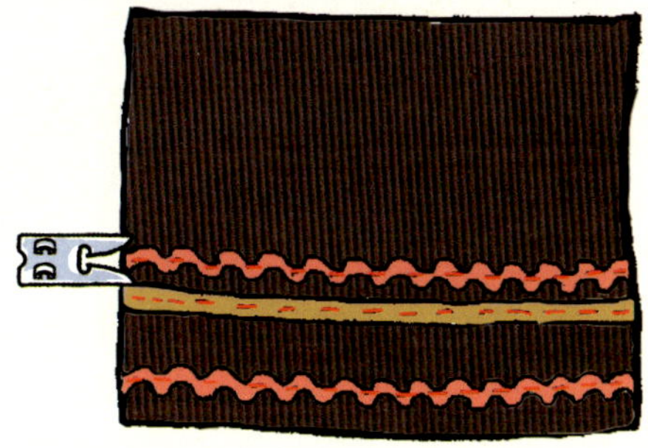

2 Die Zickzackborte halbieren, von der gestreiften Borte 35 cm abschneiden und die drei Borten auf das untere Drittel eines Blendenteils B applizieren.

3 Aus 40 cm der gestreiften Borte eine Schleife legen und diese auf der Borte befestigen. Mit der restlichen Borte eine Schlaufe legen und an der linken Seite der Blende anheften.

4 Vorder- und Rückteil am oberen Rand mit dem größtmöglichen Stich – von Hand oder mit der Maschine – absteppen.

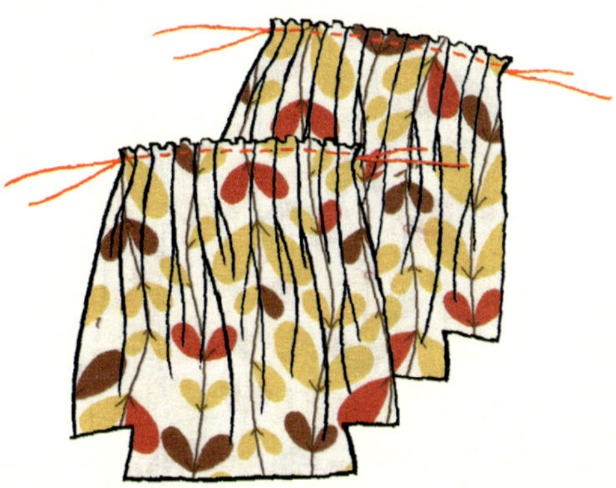

5 Auf 32 cm Breite zusammenziehen.

6 Die Blendenteile rechts auf rechts an der oberen Kante von Vorder- und Rückteil annähen.

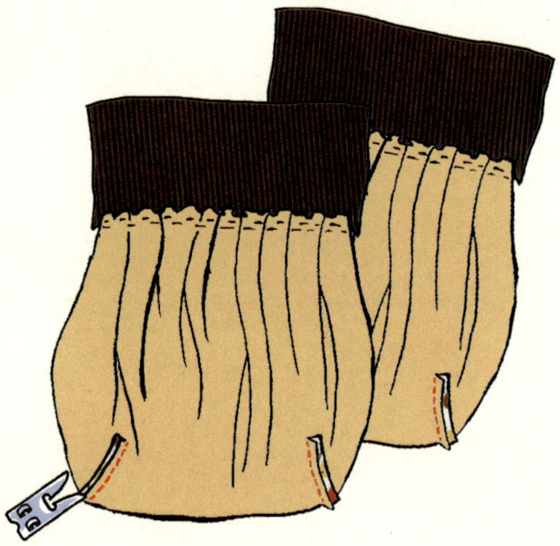

7 Die Abnäher an den Ecken von Vorder- und Rückteil schließen und auseinanderbügeln. Die Blenden hochklappen.

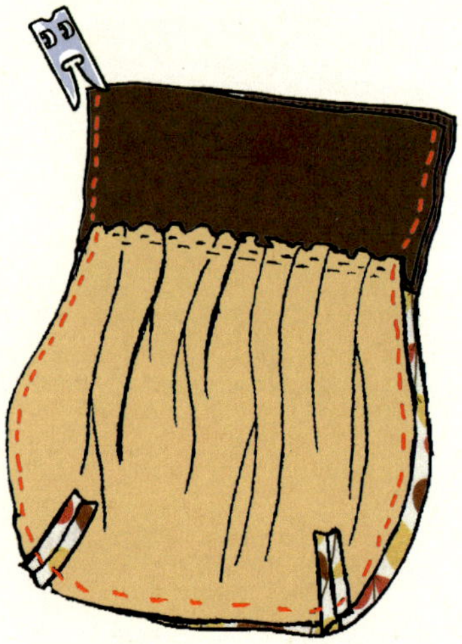

8 Vorder- und Rückteil der Tasche rechts auf rechts zusammennähen und umstülpen.

9 Die Blende zur Hälfte nach innen klappen, gut feststecken und von außen im Nahtschatten möglichst unsichtbar steppen.

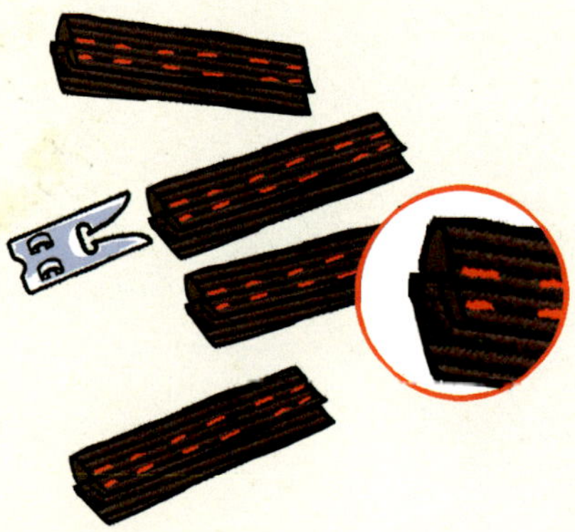

10 Aus dem Cord vier Schlaufen nähen. Dafür die Schlaufenbreite der Breite der Henkelöffnung anpassen, mit einer Nahtzugabe von 1,5 cm einschlagen und zusammennähen.

Übrigens

Stoffe bedrucken

Ein herrlicher Druck macht so manchen Stoff zum richtigen Eye-Catcher. Menschen bedrucken ihre Stoffe schon seit tausenden von Jahren, zunächst verwendeten sie Holzstempel, so dass Motive wiederholt werden konnten. Später revolutionierte der industrielle Textildruck das ganze Handwerk. Aber auch heute hängt nach wie vor – trotz Einsatz von Digitalverfahren – der Erfolg des Stoffdrucks von der Kreativität und Geschicklichkeit der Designer ab.

Tipp

Die Schlaufen können Sie auch unsichtbar von innen mit der Hand annähen.

11 Die Schlaufen um die Henkelösen legen und von innen unsichtbar an die Tasche nähen.

12 Fertig.

Tipp

Alle Stoffe, Bänder und Henkel in diesem Kapitel sind von www.frautulpe.de

voilà

INTERVIEW

mit Anna Scheuten, der Gründerin von *Anna-Belle-Bags*

Anna Scheuten
Mühlenkamp 18
40229 Düsseldorf
www.anna-belle-bags.de
info@anna-belle-bags.de

Anna Scheuten, Gründerin und Designerin von Anna-Belle-Bags, hatte schon seit ihrer Kindheit ein Faible für Taschen. Während ihres Modedesign-Studiums machte sie in einer Semesterarbeit erste Taschenentwürfe und entdeckte, wie viel Spaß ihr das machte. Es war ihr zwar schon früh bewusst, dass es im Modebereich als No-Name und ohne finanzielle Starthilfe sehr schwierig ist, selbstständig erfolgreich zu arbeiten. Sie wollte es aber dennoch wissen, denn ihrer Meinung nach war der Markt für stylishe, außergewöhnliche Taschen und Accessoires eher spärlich gesät und die Taschen von namhaften Designern für Normalverdiener fast unerschwinglich. So entstand 2006 die Idee für ein eigenes Label mit eigener Produktion und Online-Vertrieb. Highlight der Kollektion waren und sind die unverwechselbaren *Revolver-Bags*, die zum Glück noch keinen Ärger beim Gang zum Bankschalter verursacht haben.

Wie fing alles an?

Schon lange hatte ich die Idee für eine Revolver-Bag-Kollektion, da ich in meiner Studienzeit oft und gerne auf Partys unterwegs war und eine Tasche brauchte, die nicht nur praktisch (d.h. beim Tanzen nicht störte), sondern gleichzeitig auch cool war. Es entstanden in dieser Zeit erste Musterteile, die ich selbst trug, dann nähte ich für Freunde und Bekannte und schließlich stellte ich eine eigene Kollektion zusammen. Der Clou dabei ist, dass die Kundinnen und Kunden die Möglichkeit haben, aus verschiedenen Modellen, Lederfarben und Beschlägen sich ihre individuell gestaltete Tasche zusammenzustellen, die dann erst nach Bestellung angefertigt wird.

Wo kann man Ihre Kostbarkeiten live betrachten und wo liegen Ihre Taschen preislich?

Der Vertrieb läuft hauptsächlich online. Zudem arbeiten wir hin und wieder mit verschiedenen kleinen und größeren Läden zusammen, die unsere Taschen ausstellen, unter anderem in Deutschland, Österreich und auf Ibiza. Der preisliche Rahmen liegt zwischen 59,- und 299,- Euro – je nach Modell, Material und Größe. Wir arbeiten vor allem mit echtem Lammnappa- oder Veloursleder, hochwertigem genarbtem oder geprägtem Kunstleder sowie mit ausgefallenen Stoffen. Die Taschenmodelle sind einzigartig in Design und Material, fern ab vom Billig-Look der Massenware aus Fernost. Zudem verwenden wir auch gerne Nieten, Borten, Fransen und Strasssteine, die den typischen Ibiza-Hippie-Look repräsentieren.

Wer sind Ihre Kunden?

Frauen und Männer jeder Couleur und Altersklasse der kaufkräftigen Mittelschicht, die Wert auf Qualität und Individualität legen und auch bereit sind, dafür etwas auszugeben. Leute, die selber gerne Trends setzen, die einen offenen Geist haben, die modebewusst, humorvoll und lebenslustig sind. Dazu zählen mittlerweile nicht nur Kundinnen und Kunden in ganz Deutschland, sondern auch in vielen europäischen Nachbarländern wie Österreich, Schweiz, Großbritannien, Frankreich, Spanien, Niederlande und Belgien.

Zeigen Sie uns Ihr Lieblingsstück aus Ihrer aktuellen Kollektion?

Es ist *Joline* in Gelb (siehe rechts oben).

Fertigen Sie Ihre Stücke in Eigenproduktion an oder lassen Sie eine externe Produktionsstätte für Sie fertigen? Worauf sollte man als Anfänger auf jeden Fall achten, wenn man in Serie fertigen lässt?
Alle Taschen werden erst nach Bestellung angefertigt, also in Eigenproduktion Made in Germany. Hinzu kommen hin und wieder limitierte Einzelauflagen, die Limited Editions, die meist vorgefertigt werden. Allerdings erfreuen sich die Taschen wachsender Beliebtheit, sodass nicht auszuschließen ist, in Zukunft auch in Serie fertigen zu lassen. Die Produktion würde ich nach Möglichkeit gerne in Deutschland lassen, um so auch den einen oder anderen Arbeitsplatz zu schaffen. Wichtig wäre bei einer Produktion in Serie, dass die Individualität und Exklusivität nicht verloren gehen.

Sie betreiben einen sehr umfangreichen Online-Shop auf Ihrer Homepage. Welche Rolle spielt das Internet für Sie als Vertriebskanal? Wie gestalten Sie den Vertrieb sonst (z. B. Einzelhändler)?
Der Online-Shop ist unser Hauptvertriebskanal. So erreicht man nicht nur Kundinnen und Kunden in der Region, sondern deutschland-, europa- und weltweit. Nicht selten geschieht es, dass Einzelhändler und Agenturen auf uns aufmerksam werden, und es ist schon zu einigen Kooperationen gekommen, so auch der Vertrieb auf anderen Online-Portalen (z. B. www.dawanda.com).

80er Grafik-Style

Als *Fashionista* wussten Sie es ja schon längst: Die 80er sind zurück und mixen sich in eklektischen Second-Hand-Variationen munter unters Volk. Manchen von uns kommen da Erinnerungen an stone-washed Jeans, Leggins, Schulterpolster und Tapeten in Neon-Orange. Aber keine Angst wir haben die Attacke auf den guten Geschmack ordentlich durchgesiebt und präsentieren Ihnen hier nur die Highlights aus diesem Revival: grafisch-coole Applikationen mit Eighties-Touch für die Gegenwart neu interpretiert.

Soft-Jogging-Clutch

Geometric-Weekender

Le-Sac-Croissant

Soft-Jogging-Clutch

Werkzeug

Nähmaschine
Stoffschere
Schneiderkreide
Bügeleisen
Handnähnadel
Stecknadeln

Material

(Stoffbreite 140 cm)
Baumwolljersey in Grau, 120 cm
Lackleder in Pink, 7 cm
Bundfix, 115 cm
Watteline, 105 cm
Nähgarn in Pink

Der Schnitt

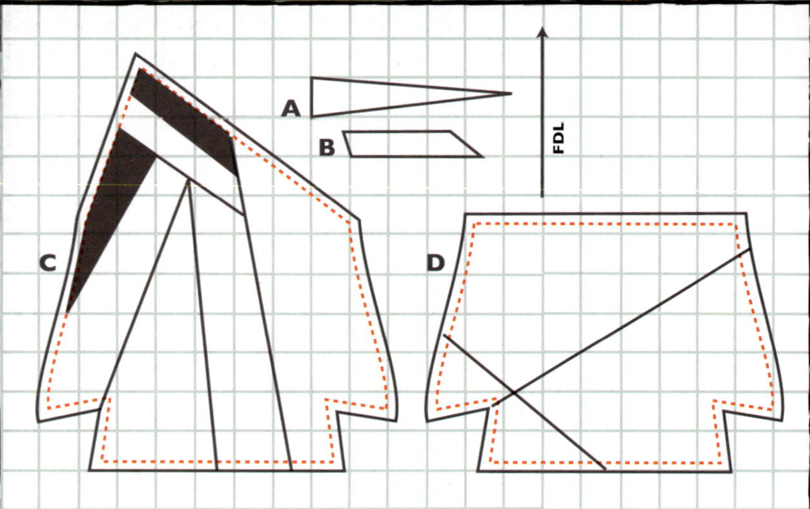

(1 Kästchen = 5 cm x 5 cm)

A	Applikation	1x Lackleder in Pink
B	Applikation	1x Lackleder in Pink
C	Hauptteil mit Klappe	2x Baumwolljersey, 1x Watteline
D	Vorder-/Rückteil	2x Baumwolljersey, 1x Watteline

Soft-Jogging-Clutch

Schon seit dem Sportswear-Hype der Achtziger zerbrechen sich die Designer die Köpfe. Verkäufer grübeln und Kunden stehen ratlos im Laden. Sie alle streben nach dem einen, dem ultimativen Mix aus sportlich und elegant, nicht zu formell, eher lässig. Sehr schick soll es sein, aber nicht allzu steif daherkommen. Was erfüllt alle diese Wünsche auf einmal? Unsere graue *Soft-Jogging-Clutch* aus Baumwolljersey. Sie ist weich und flauschig ohne viel Trara und aufwendigem Innenleben.

1 Vergrößern und übertragen Sie alle Schnittteile und schneiden Sie diese wie angegeben zu.

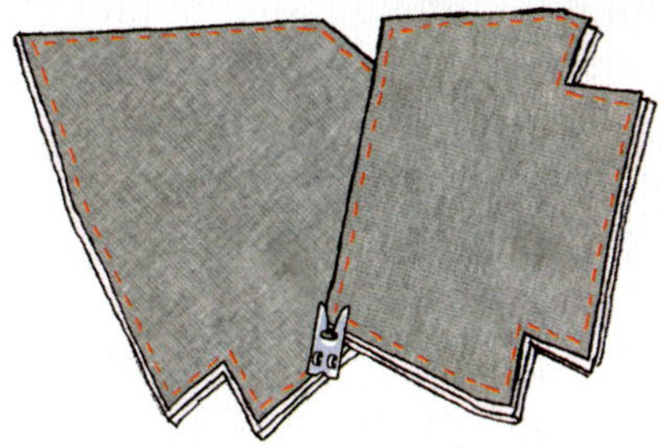

2 Die Watteeinlage auf die Jerseyteile legen und knapp aufeinandersteppen.

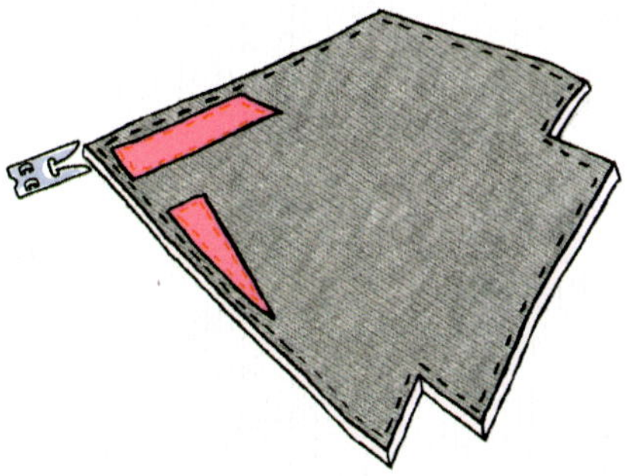

3 Die beiden geometrischen Formen aus Lackleder (nach Gefühl oder wie im Schnitt) aufsteppen.

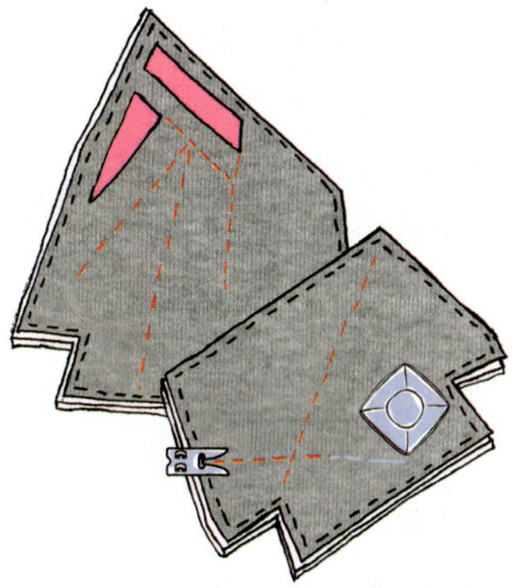

4 Übertragen Sie die Markierungen für die Absteppungen und steppen Sie diese mit Garn in Pink ab. Durch die Watteline erhält die Tasche nun den Quilt-Effekt.

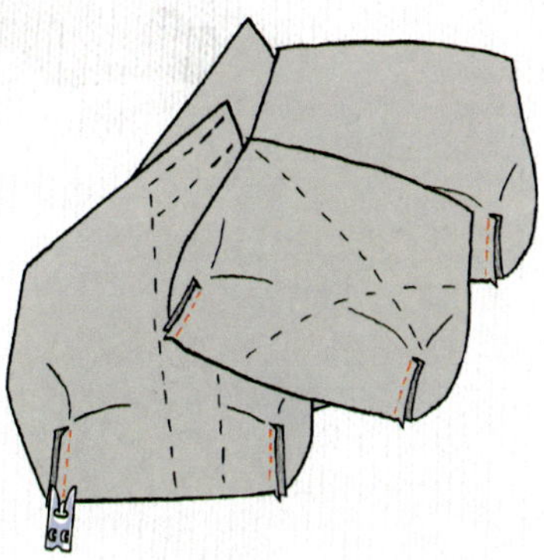

5 Die Eckenabnäher der Außentaschen und Futtertaschenteile schließen.

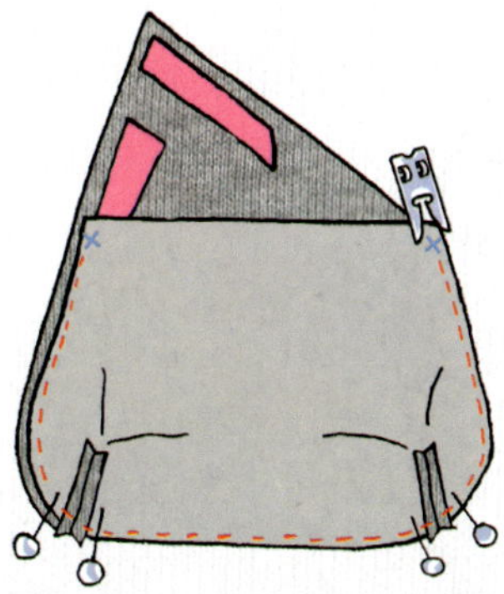

6 Nun die Außentasche mit 1 cm Nahtzugabe zusammennähen. Dabei 1 cm vor dem oberen Taschenrand stoppen und auf rechts wenden.

Unser Modell ist ohne Druckknopf. Wenn Ihnen das zu riskant ist, dann denken Sie beim Nähen daran, einen Knopf einzuarbeiten.

Tipp

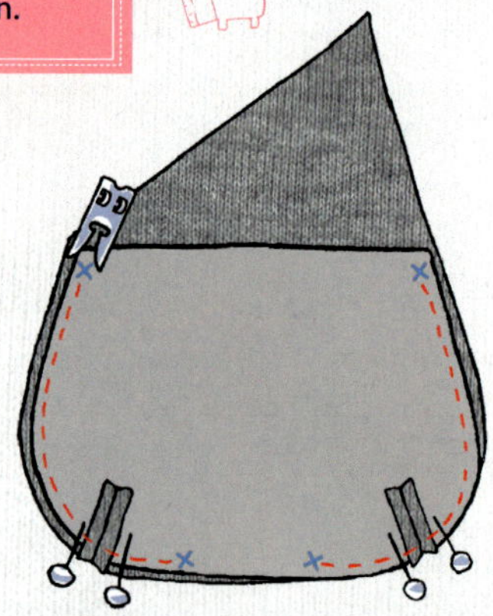

7 Die Futtertasche genauso zusammennähen, aber in der unteren Mitte eine Öffnung von 10 cm lassen.

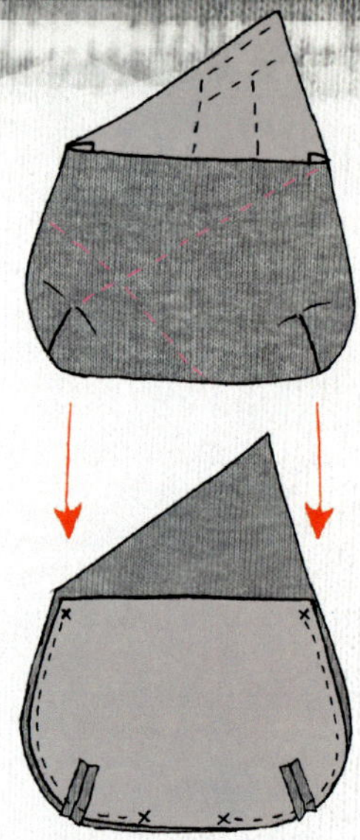

8 Die Außentasche in die Innentasche stecken.

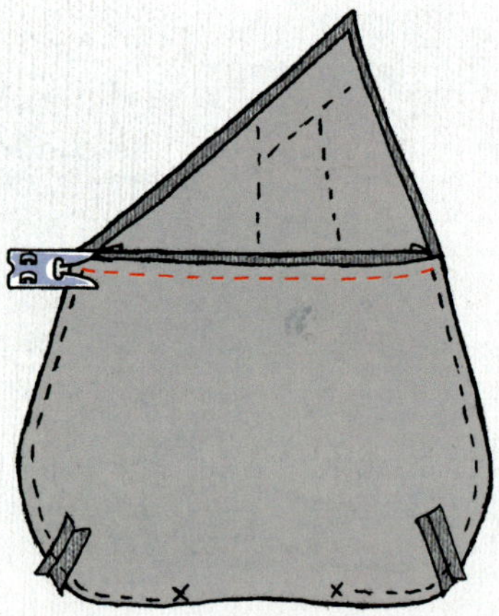

9 Den oberen Rand der Tasche von Naht zu Naht schließen.

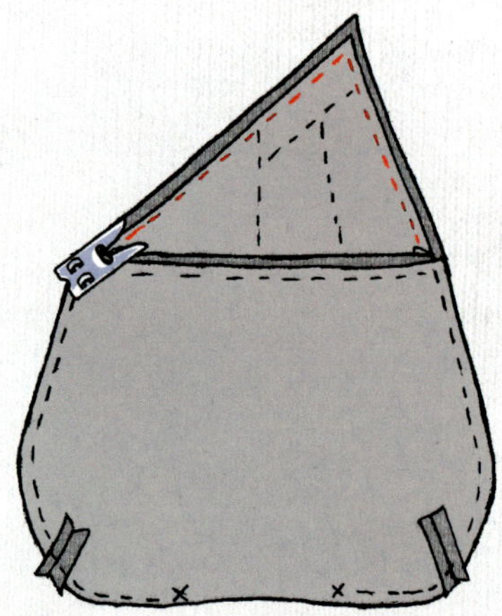

10 Dann den Überschlag der Tasche zusammennähen.

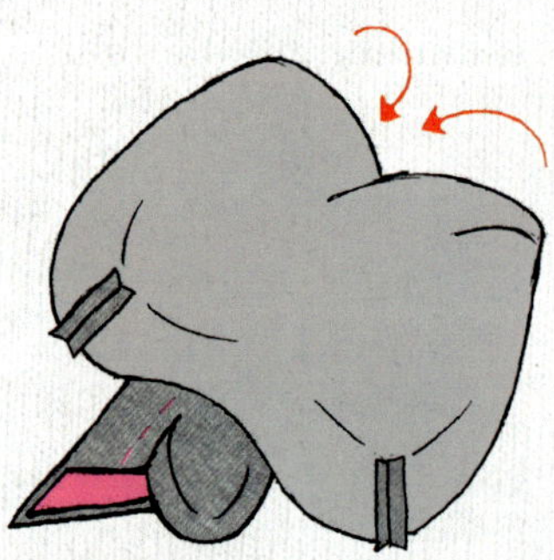

11 Das Innere durch die Öffnung nach außen ziehen.

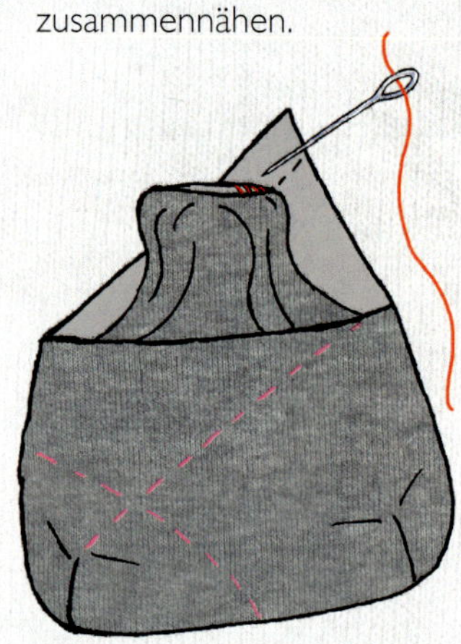

12 Die Öffnung im Futter mit Blindstich oder mit der Maschine schließen.

Tipp

Alle Materialien für diese Tasche und für den Geometric-Weekender auf der nächsten Seite gibt es bei www.stoffe.de

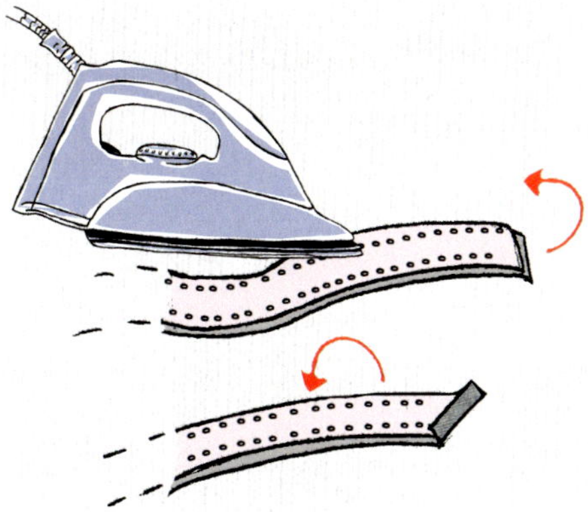

13 Für den Henkel aus dem Jersey einen Streifen von 8 cm x 115 cm zuschneiden und auf das Bundfix bügeln. Dabei zuerst die kurzen Seiten 1 cm und dann die langen Seiten, wie auf der Perforierung vorgegeben, einklappen.

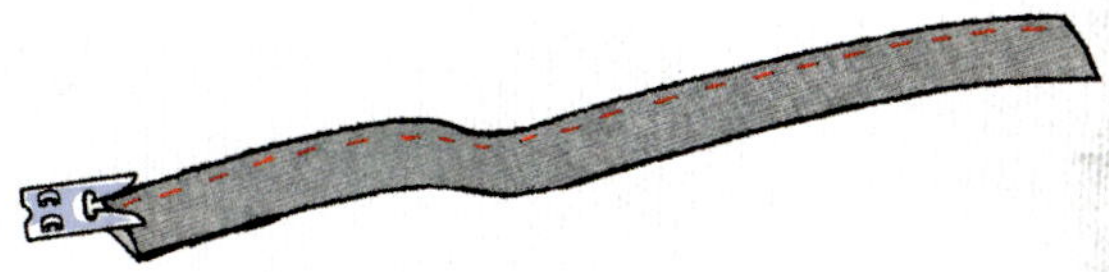

14 Den Henkel der Länge nach zusammensteppen.

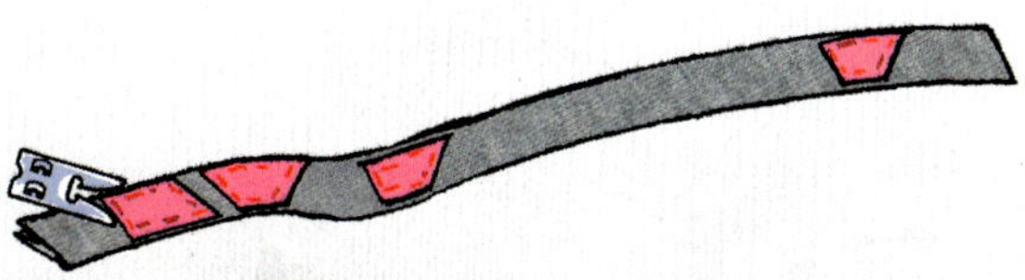

15 Kleine Lackleder-Formen aufnähen.

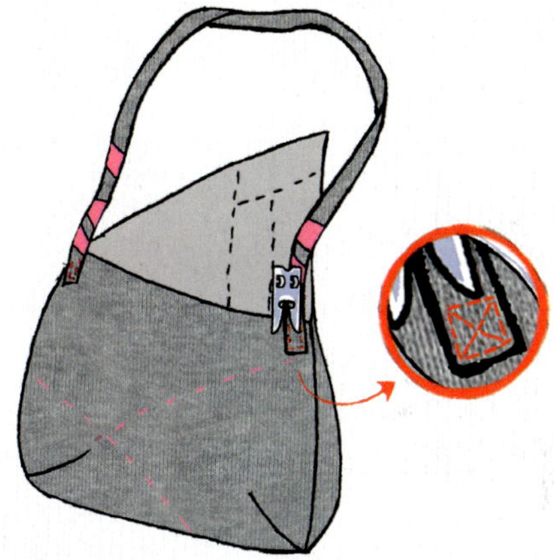

16 Den Henkel an den Seiten außen annähen.

Übrigens

Apropos Jogginghosen

Popgrößen wie die Spice Girls und Eminem trugen trotz des negativen Images auf ihren Konzerten Jogginghosen. Beim Rumhüpfen auf der Bühne sind oversized Sportanzüge nämlich äußerst praktisch. Die modische Aussage dahinter war jedoch viel wichtiger, denn der Look von der Straße verlieh urbane Authentizität. Anderswo haben dagegen die Sport-Klassiker der 70er von bekannten deutschen Sportartikelherstellern einen gewissen ironisch angehauchten Kultfaktor erreicht

Geometric-Weekender

Werkzeug

Nähmaschine
ggf. Ledernadel
Stoffschere
Stecknadeln
Schneiderkreide
Bügeleisen

Material

(Stoffbreite von 140 cm)
Wildlederimitat in Dunkelbraun, 80 cm
Kunstleder in Gold, 20 cm
Bügeleinlage, 80 cm
Bundfix, 272 cm
Reißverschluss, 70 cm
Borte, 1 cm x 70 cm
Nähgarn

Der Schnitt

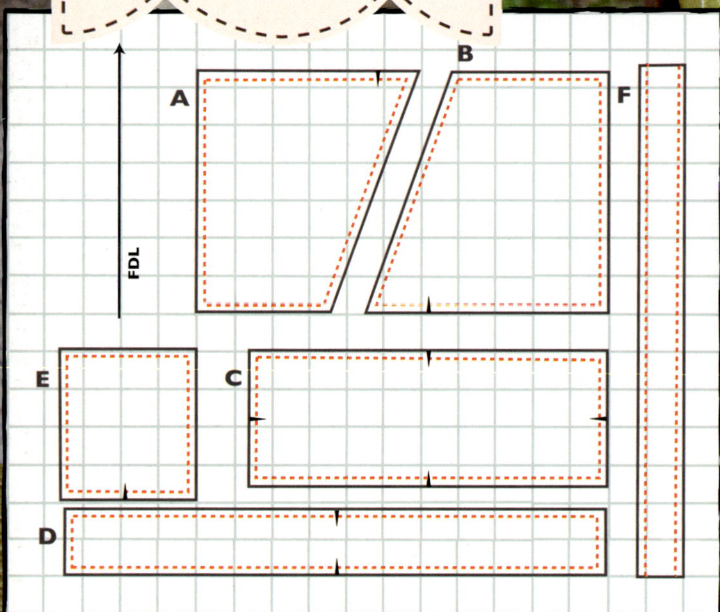

(1 Kästchen = 5 cm x 5 cm)

A Hauptteil links	2x Wildlederimitat, 2x Einlage
B Hauptteil rechts	2x Wildlederimitat, 2x Einlage
C Boden	1x Wildlederimitat, 1x Einlage
D oberes Seitenteil	2x Wildlederimitat, 2x Einlage
E Seitenteil	2x Wildlederimitat, 2x Einlage
F Henkel	4x Wildlederimitat

Geometric-Weekender

Dieser geräumige *Weekender* ist inspiriert von polygonen Formen und Tangram-Puzzle-Motiven. Endlich auch eine Tasche, der der gemeine Mann nicht abgeneigt ist. Aber auch für die Damen unter uns, die in jeder Lebenslage die Gelegenheit wahrnehmen, vor ihrem Reisegenossen mit coolem Avantgarde-Design zu glänzen, ist dieser *Weekender* eine willkommene Abwechslung zur gewöhnlichen Reisetasche und garantiert ein Eisbrecher, um mit dem charmanten Sitznachbarn ins Gespräch zu kommen …

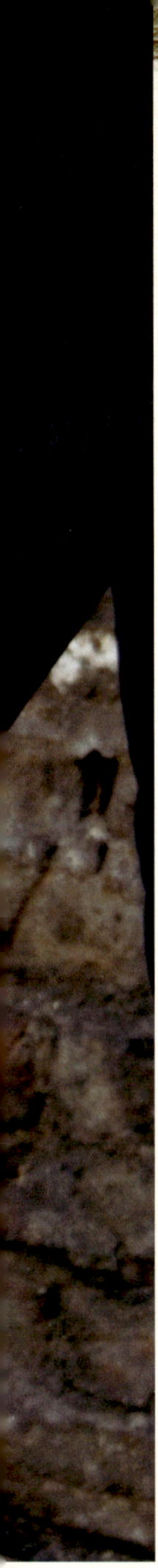

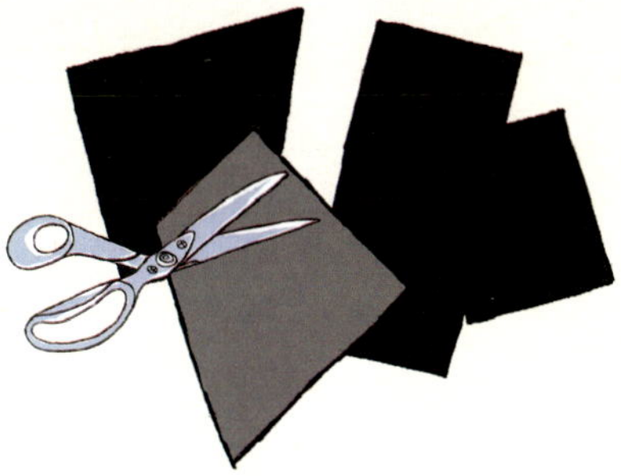

1 Vergrößern und übertragen Sie alle Schnittteile und schneiden Sie diese wie angegeben zu. Übertragen Sie auch alle Markierungen.

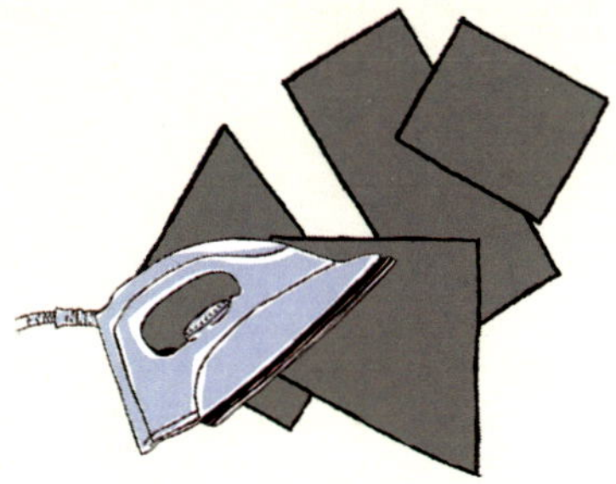

2 Damit der *Weekender* die nötige Stabilität erhält, auf alle Teile die passenden Einlageteile sorgfältig aufbügeln.

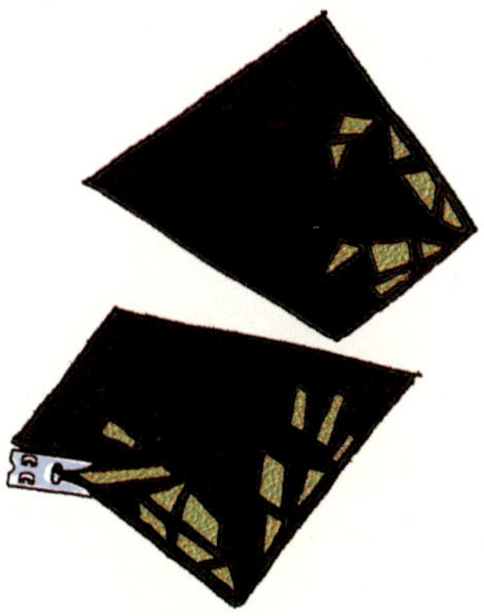

3 Kleine, geometrische Formen aus dem goldenen Kunstleder zuschneiden und auf die beiden Teile (A+B) der Vorderseite aufsteppen.

4 Die vier Henkelteile auf Bundfix (je 68 cm) bügeln, die Seiten an der Perforierung einklappen und je zwei Henkelstücke links auf links aufeinander steppen.

5 Die beiden Hälften (A+B) des Vorderteils und des Rückteils zusammennähen.

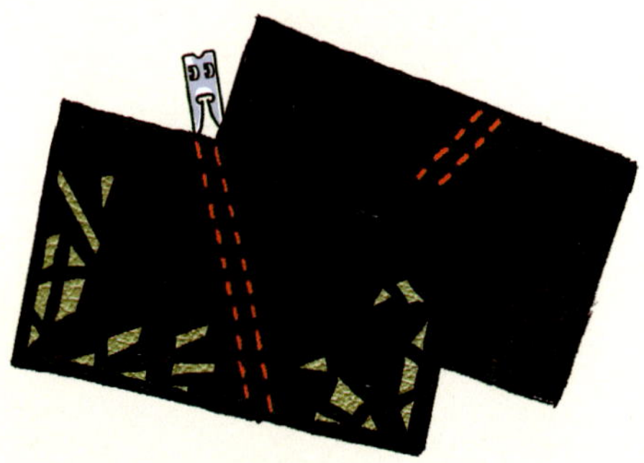

6 Mit farblich passendem oder kontrastfarbenem Garn gegensteppen.

Sie können die Tasche auch mit Innenfutter ausstatten. Dazu einfach den Schnitt auf Futterstoff übertragen, der Anleitung folgen, beide Taschen ineinander stecken und mit der Hand mit Blindstichen zusammennähen. Für eine schöne Innenoptik ist nicht unbedingt ein Futter notwendig. Sie können die Nähte auch von innen mit farbigem Schrägband einfassen.

Tipp

7 Die Position der Henkel mit Schneiderkreide auf der Vorder- und Rückseite markieren und die Henkel kreuzförmig festnähen.

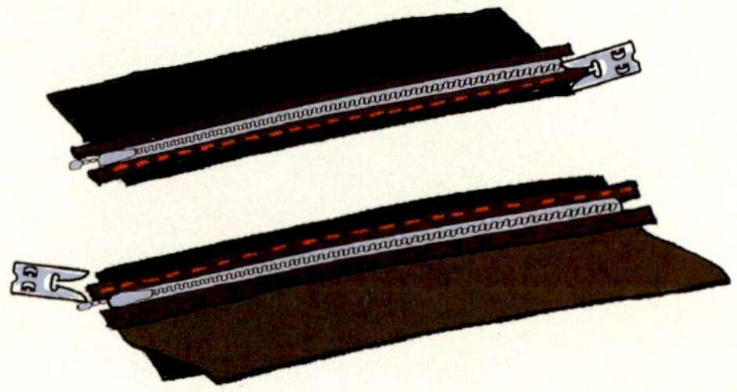

8 Den Reißverschluss zwischen die beiden oberen Seitenteile D nähen.

9 Wer will, kann jeweils auf die kürzere Seite E ein Band aufsteppen.

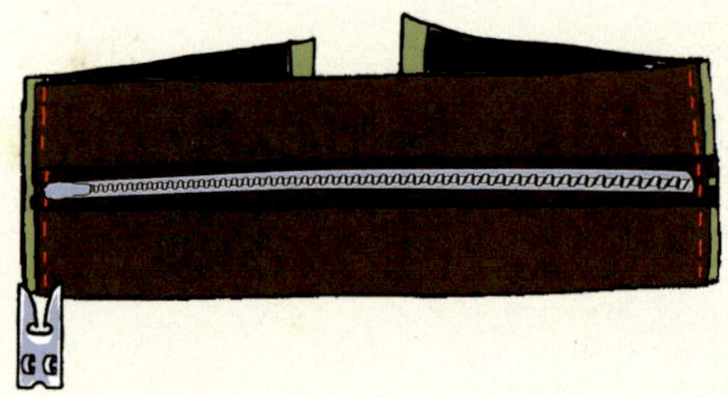

10 Die Seitenteile E an der kurzen Seite jeweils links und rechts vom geschlossenen Reißverschluss annähen.

Übrigens

Apropos Männertaschen

In den 70er Jahren tauchte ein Phänomen auf – die Männerhandtasche, eine Lederbrieftasche mit Halteschlaufe. Wie konnte es dazu kommen? Mit dem Film *Saturday Night Fever* wurde die Männermode eng und sexy und es gab einfach keinen Platz mehr, um seine Utensilien köpernah zu verstauen. So entstand die kleine Tasche. Das änderte sich wieder in den Achtzigern, als die Männerhandtasche schnell als homosexuelles Accessoire namens *Detlef* tituliert wurde und vom Männerhandgelenk verschwand. Trotz diverser Versuche großer Designer, kam es nie zu einem Revival dieser Mode und die Herren stopfen sich seither wieder ihre Hosentaschen voll.

Tipp

Den Boden mit Pappe oder extra dicker Einlage verstärken. Dazu Schnittteil C rundherum 1 cm kürzen und auf Pappe übertragen.

11 Dieses Stück (Reißverschluss mit Seitenteilen) nun an den Boden C nähen. Das ergibt ein ringförmiges Seitenteil.

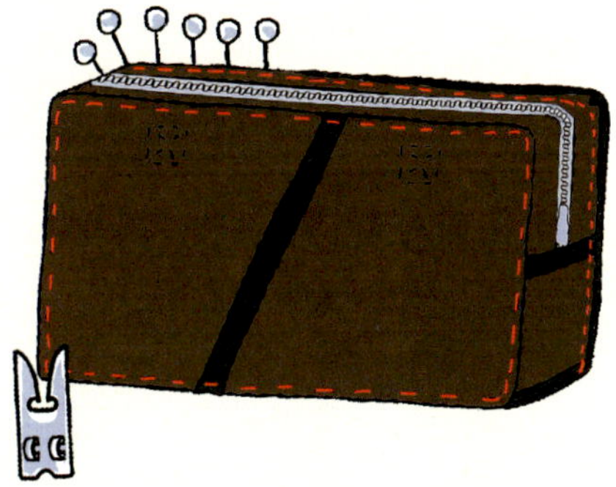

12 Dieses Seitenteil können Sie jetzt zwischen die Vorder- und Rückseite des *Weekenders* nähen. Dabei auf die Markierungen achten, den Stoff sauber verteilen und vor dem Nähen mit vielen Stecknadeln feststecken.

13 Fertig!

Le-Sac-Croissant

Le-Sac-Croissant

Klar, erst erklären wir lang und breit, was man unter einer *Baguette* versteht (*who is who* der Taschen) und dann präsentieren wir Ihnen hier ein Croissant. Na ja, Hauptsache knackig und lecker! Wir sind zwar nicht Fendis Enkel, aber diese Tasche ist doch sehr *It-Bag*-verdächtig! Mit gewagten Patches und einer Zweitverwertung Ihres alten Lieblingsgürtels lässt sich dieses elegante Täschchen unter den Arm klemmen oder lässig quer über dem Körper tragen.

Werkzeug

Nähmaschine
ggf. Ledernadel
Stoffschere
Schneiderkreide
Stecknadeln

Material

(Stoffbreite von 140 cm)
Dekostoff, gemustert, 45 cm
Lederimitat in Karamell, 25 cm
Lederimitat in Gold, 20 cm
Futterstoff, 65 cm
2 Ösen, Ø 4 cm
Gürtel
Nähgarn

Der Schnitt

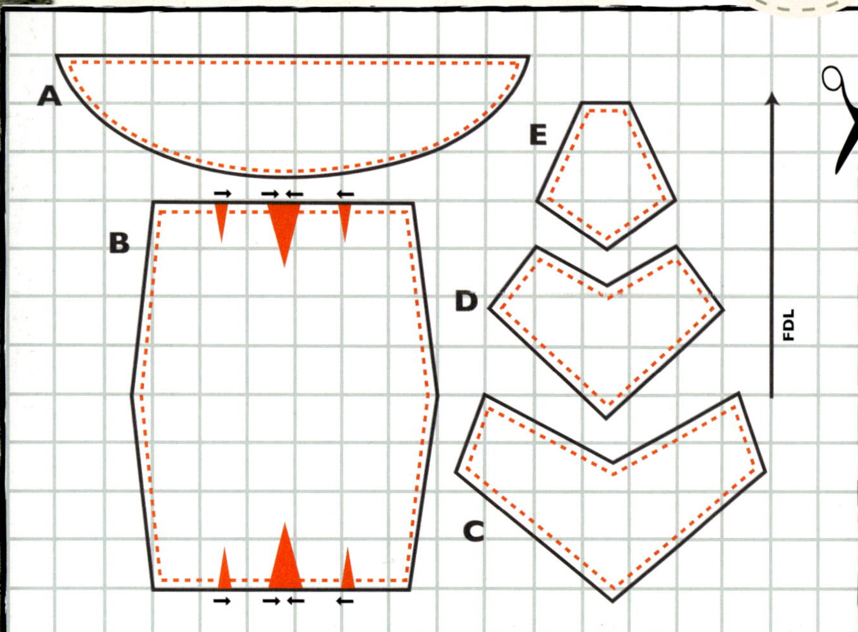

(1 Kästchen = 5 cm x 5 cm)

A Oberer Abschluß	2x Dekostoff, 2x Futterstoff
B Mittelteil	1x Dekostoff, 1x Futterstoff
C Seitenteil	2x Lederimitat in Karamell, 2x Futterstoff
D Seitenteil	2x Lederimitat in Gold, 2x Futterstoff
E Seitenteil	2x Lederimitat in Karamell, 2x Futterstoff

1 Vergrößern und übertragen Sie alle Schnittteile und schneiden Sie diese wie angegeben zu. Übertragen Sie auch die Falten auf Schnittteil B.

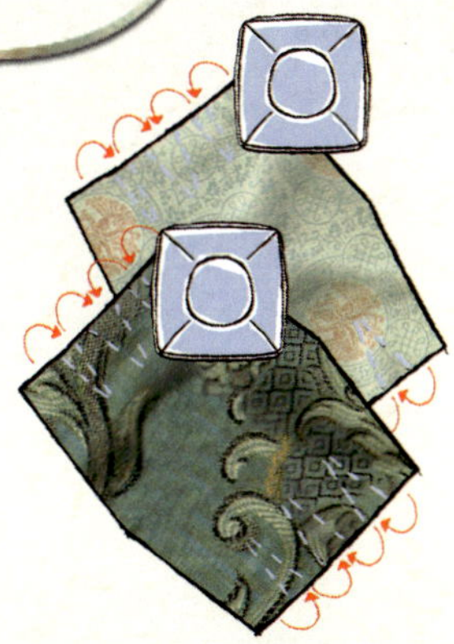

2 Die Falten mit Schneiderkreide jeweils auf den Teilen B (Deko- und Futterstoff) markieren. Alle folgenden Schritte gelten auch für die Teile aus Futterstoff.

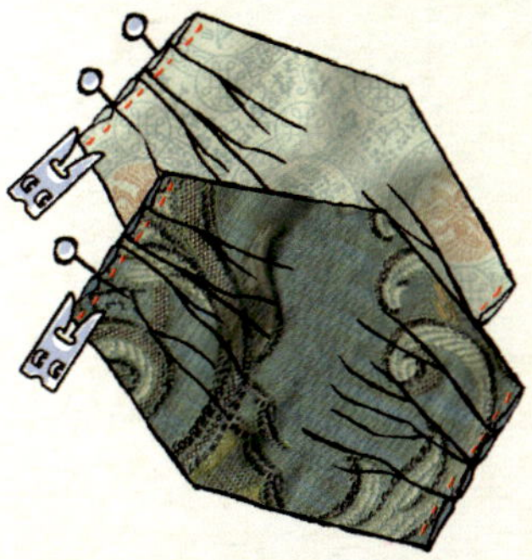

3 Die Falten auf den Teilen B legen und an der oberen Kante absteppen.

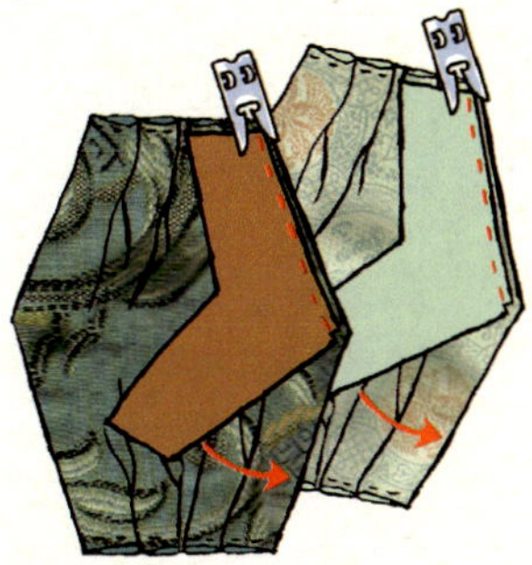

4 Das Mittelteil B mit dem Seitenteil C zusammennähen, dabei die Ecken sorgfältig arbeiten.

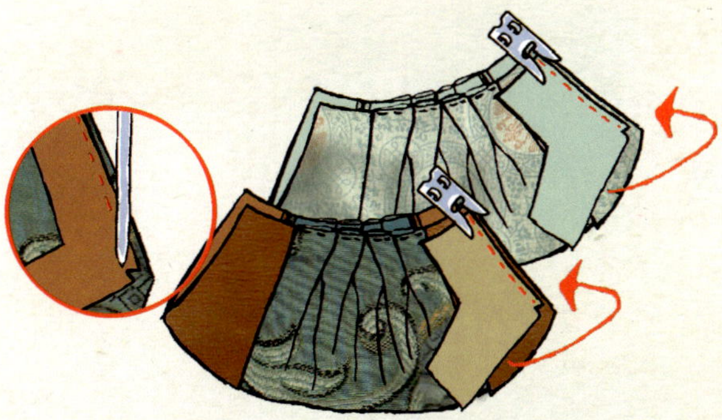

5 Seitenteil D an Teil C nähen.

6 Und Teil E an Seitenteil D nähen.

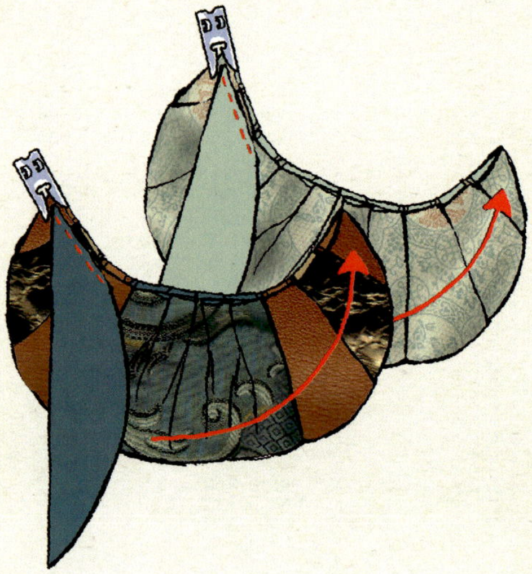

7 Zuletzt das halbmondförmige Teil A an die entstandene Rundung nähen.

8 Von der rechten Seite gegensteppen, damit es schön flach liegt.

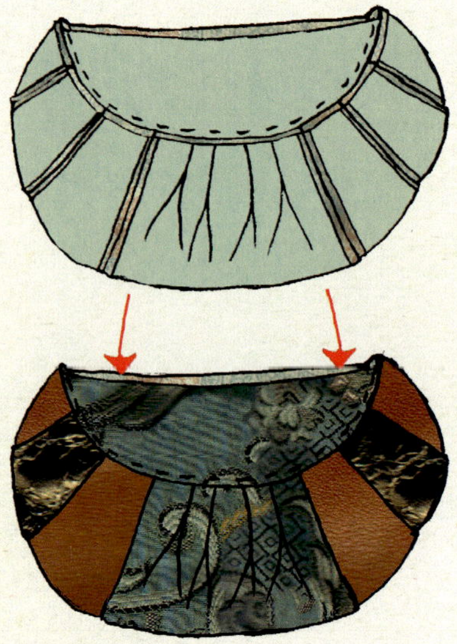

9 Futtertasche und Außentasche nun ineinanderstecken.

10 Die Nahtzugaben am oberen Rand der Tasche nach innen gegeneinander, zwischen Futter und Außentasche knicken (am besten vorher Bügeln) und rundherum zusammennähen.

Die großen Ösen gibt es im Gardinenfachgeschäft. Für ein perfektes Ergebnis gehen Sie am besten mit Ihrer Tasche zum Raumausstatter. Der hat das nötige Werkzeug dafür.

Tipp

11 Die Ösen an den Seiten einschlagen.

12 Einen alten Gürtel als Henkel durch die Ösen ziehen und schließen.

13 Fertig.

Tipp

Sie können auch ohne Gürtel und Ösen arbeiten, indem Sie einen Riemen aus Stoff nähen, z.B. nach dem Bundfix-Prinzip. Diesen können Sie dann an den beiden äußeren Zipfeln der Tasche zwischen Außenstoff und Innenfutter einnähen.

INTERVIEW

mit Fenke Gabriel-Schwan und Alex Gabriel von *Gabriel & Schwan*

Alex Gabriel & Fenke Schwan Gbr
Zossener Straße 51
10961 Berlin
www.gabriel-schwan.de
mail@gabriel-schwan.de

Fenke Gabriel-Schwan und Alex Gabriel, beruflich wie privat ein Paar, gründeten kurz nach ihrem Produktdesign-Diplom das Accessoire-Label *Gabriel & Schwan*. Der Studiengang Produktdesign beinhaltete neben dem Gestalten von Möbel- und Wohn-Accessoires auch das Design von Mode-Accessoires wie Taschen, Schuhen und Schmuck. Es war also keinesfalls abwegig für die beiden, sich in dieser Richtung selbstständig zu machen. Die erste Kollektion war eine Weiterentwicklung von Projekten aus dem Studium. Der Umzug 2010 von Köln nach Berlin hatte auch etwas damit zu tun, dass man auf Dauer als deutsches Modelabel aus Berlin anders wahrgenommen wird. Berlin bietet besonders jungen Designern einfach mehr Möglichkeiten hinsichtlich Arbeitsraum und Netzwerk.

Haben Sie ein Vorbild oder eine immer währende Inspirationsquelle?

Es gibt ein paar skandinavische Modelabels, die eine ähnliche Zielgruppe wie wir ansprechen, an denen wir uns orientieren, um neue Läden zu finden oder deren Werdegang uns als Vorbild dient. Darüber hinaus sind Freunde und andere Kunstrichtungen immer wieder eine große Inspirationsquelle für uns.

Wo kann man Ihre Kostbarkeiten live betrachten und wie liegen sie preislich?

Wir stellen auf diversen Veranstaltungen aus. Darüber hinaus sind wir auch in verschiedenen Läden vertreten, momentan aber in keinem deutschen. Die Taschen und Accessoires kosten zwischen 45 € und 160 €.

Zeigen Sie uns Ihr Lieblingsstück oder den Bestseller aus Ihrer aktuellen Kollektion?

Der Bestseller aus der aktuellen Kollektion ist die geknotete Kette, ganz dicht gefolgt vom *Le Sac midi* (siehe rechts oben).

Wir sehen, dass Sie in großen Online-Shops wie Etsy und Dawanda gelistet sind; dazu betreiben Sie Ihren eigenen Online-Shop. Welche Erfahrungen haben Sie dabei gemacht und sehen Sie den Online-Shop als Alternative zu einem Ladenlokal?

Für uns ist der Online-Verkauf nur eine Möglichkeit, unsere Produkte im Direktverkauf anzubieten und Lagerbestände zu verringern. Nicht zuletzt können wir so auch mit den Kunden selber in Kontakt treten. Es ist aber keine Alternative zu einem Ladenlokal.

Sie nehmen ja auch an Jungdesigner-Märkten teil. Könnten Sie uns da den einen oder anderen empfehlen?

Das Modefestival *WeddingDress* ist eine dieser Verkaufsausstellungen, die uns am besten gefallen. Es findet einmal im Jahr während der Fashionweek im Sommer in Berlin statt und ist eine der beliebtesten und meistbesuchten Veranstaltungen.

Verraten Sie uns, wo Sie produzieren oder produzieren lassen?

Noch produzieren wir alles im eigenen Atelier, aber bei größeren Aufträgen wollen wir in Zukunft auf die Hilfe einer Lohnschneiderei in Ostdeutschland zurückgreifen.

Vom Hobby zum zweiten Standbein – wie lange, denken Sie, braucht ein junges Label, um sich zu etablieren?

Das ist sicherlich individuell unterschiedlich und hängt vor allem von finanziellen Möglichkeiten des Einzelnen ab, aber ich denke, dass ein Zeitraum von fünf bis sieben Jahren nicht ungewöhnlich ist, bevor man sich etabliert hat.

Sicherlich haben Sie mit Kunden, Lieferanten und Co. auch schon die eine oder andere verrückte Erfahrung gemacht. Vielleicht können Sie kurz von Ihrer lehrreichsten Erfahrung berichten. Was sollten Anfänger hier auf jeden Fall beachten?

Ganz am Anfang sind wir noch einfach persönlich in Läden spaziert, um neue Kunden anzusprechen. Oft nur mit ein paar Fotos von unseren Taschen. Manche der Ladenbesitzer waren sehr offen, aber oft wurden wir auch einfach nicht ernst genommen. So würde ich es heute deshalb nicht mehr anpacken. Eine erste Kontaktaufnahme übers Telefon oder auch über E-Mail ist da wesentlich empfehlenswerter. Wir können einfach nur jedem raten, von Anfang an so professionell wie möglich aufzutreten – angefangen von Produktfotos bis hin zur Website und Flyern oder Broschüren. Nachdem wir das alles erst einmal verbessert hatten, lief auch der Verkauf wesentlich besser. Man wird eben nur so ernst genommen, wie man sich auch selbst ernst nimmt.

Gabriel & Schwan

Charmanter Filz

Beim Thema Filztaschen schwant vielen vielleicht nichts Gutes: Aber wer hier an Purismus und unrasierte Natürlichkeit denkt, der lasse sich eines Besseren belehren. Hier paart sich Filz mit Finesse: Kombiniert mit rosa Hirsch, bunt gezwirbelten Broschen und gewebten Spruchbändern, entfaltet der Filz in raffinierter Liaison mit unschuldiger Liebenswürdigkeit erst seinen Reiz. Hier stellen wir Ihnen vier hinreißende Modelle vor, die nur darauf warten, von Ihnen ausgeführt zu werden.

Viel-Platz-Hirsch

Elfriede, das Eimerchen

Laptop-Kuschler

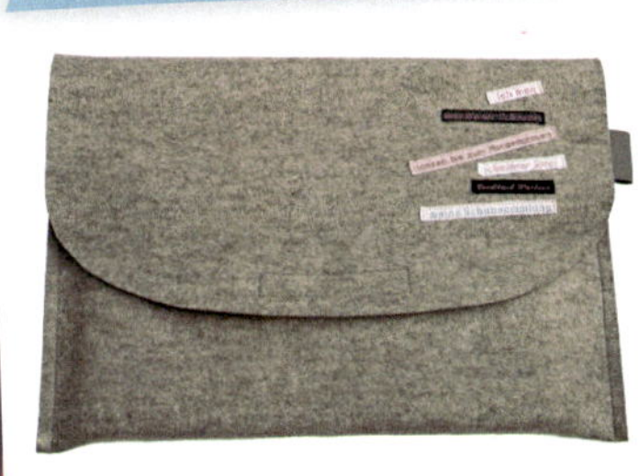

Coco-Cosmetic-Case

Viel-Platz-Hirsch

Werkzeug
Stoffschere
Zickzackschere
Bügeleisen
Stecknadeln
Computer

Material
(Stoffbreite 140 cm)
Filz in Oliv, 50 cm
Filz in Pink, 6 cm
Baumwollstoff, kariert, 50 cm
Ripsband, 2,5 cm x 1 m
ggf. Druckknopf, Ø 1,5 cm
Hirschmotiv als Flockdruck in Pink
Nähgarn

Der Schnitt

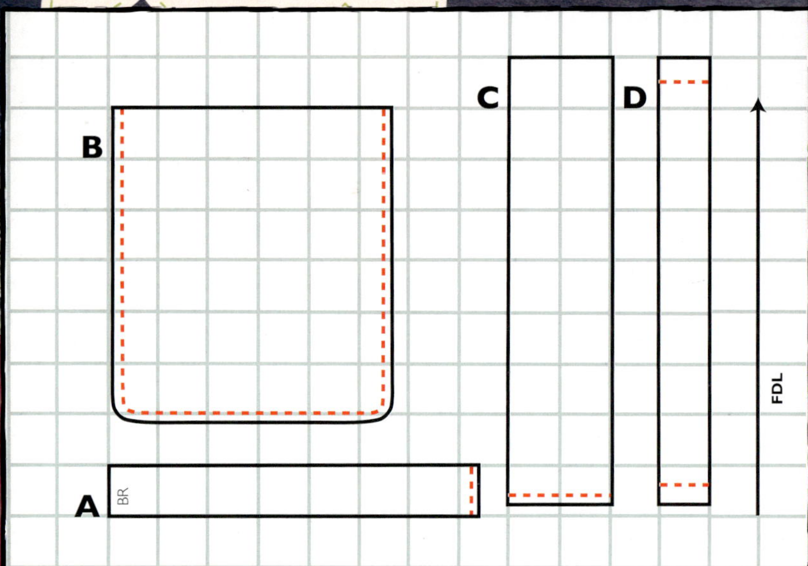

(1 Kästchen = 5 cm x 5 cm)

A Beleg	1x Filz in Oliv
B Hauptteil	2x Filz in Oliv, 2x Baumwollstoff kariert
C Seitenteil	2x Filz in Oliv, 2x Baumwollstoff kariert
D Henkel	2x Filz in Oliv

Viel-Platz-Hirsch

Der Oktober naht, die Wiesn ruft. Aber was anziehen? Wieder ein Vermögen in ein Designer-Dirndl investieren oder doch noch schnell auf Ebay das Trachten-Schnäppchen des Jahres ergattern? Wie dem auch sei – mit dem röhrenden Hirsch in der Armbeuge können Sie die Heidi in sich rauslassen.

Übrigens

Eine etwas dezentere Variante (*Aufgebrezelt*) inklusive Anleitung finden Sie als Gratis-Download (siehe Anhang Seite 155).

1 Vergrößern und übertragen Sie alle Schnittteile und schneiden Sie diese wie angegeben zu. Den Henkel am besten gleich mit der Zickzackschere zuschneiden.

2 Den oberen Rand von Haupt- und Seitenteilen sowie den Beleg mit der Zickzackschere nachbearbeiten.

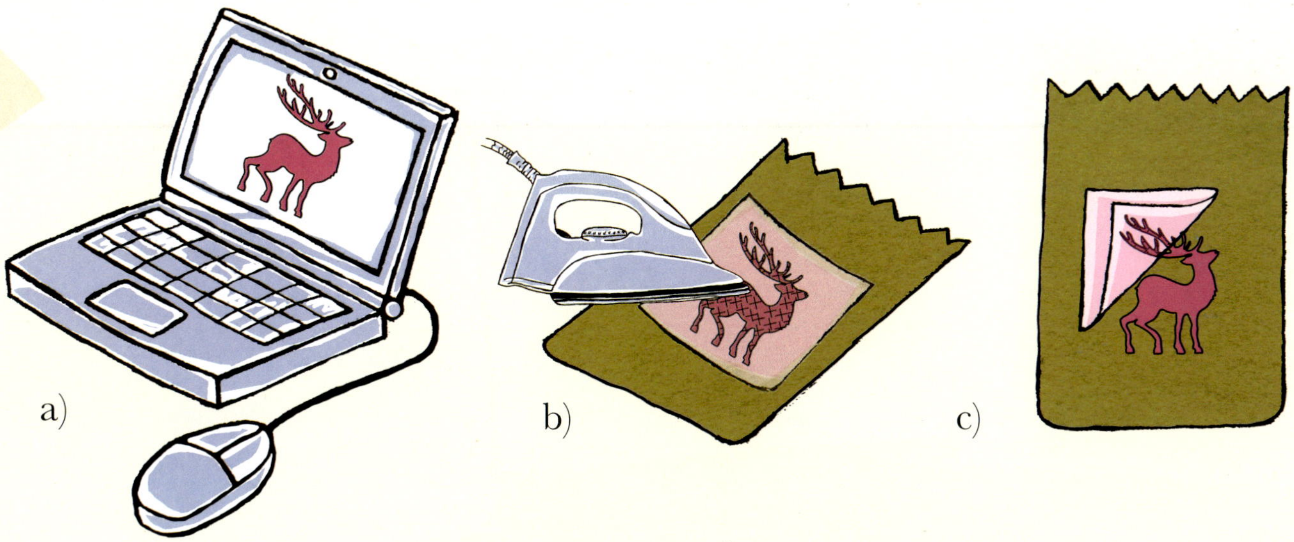

a) b) c)

3 Das Motiv: Auf das Vorderteil B das Hirschmotiv aufbügeln. Den Hirsch zum abpausen finden Sie auf S.123 oder können ihn als Gratis-Download (siehe Anhang S.155) herunterladen. Sie können natürlich jedes beliebige grafische Motiv verwenden. Im Idealfall ist es auch schon eine Vektorgrafik. Viele Copyshops bieten mittlerweile Flockdruck an.

Die Grafik einfach per E-Mail an einen Copy-Shop mit Plott-Servie schicken. Dieser plottet das Motiv aus. Das Motiv nach Anleitung aufbügeln und auskühlen lassen. Zum Schluss die Trägerfolie vorsichtig abziehen.

4 Nähen Sie nun die Außen- und die Futtertasche zusammen. Dafür die Seitenteile C zwischen Vorder- und Rückteil nähen. Damit die Zickzacknähte dabei am oberen Taschenrand auf einer Linie abschließen, wird bei jeder Seite von oben nach unten genäht. Achtung! Gut feststecken, bevor Sie nähen.

5 Die Seitenteile, die sich unten in der Mitte treffen, zusammennähen. Verfahren Sie nun ebenso mit den Teilen des Futters.

6 Legen Sie die Nähte flach und schließen Sie die kleine Öffnung.

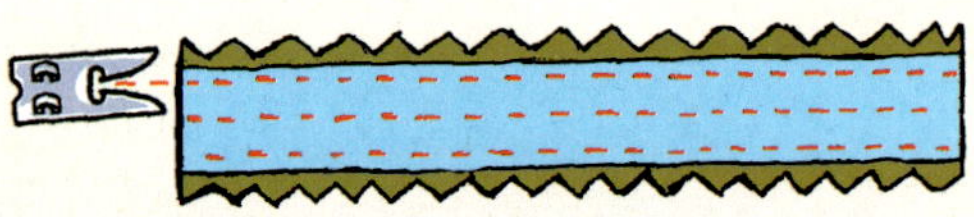

7 Das Ripsband mit drei parallel verlaufenden Nähten auf die linke Seite des Filzhenkels steppen.

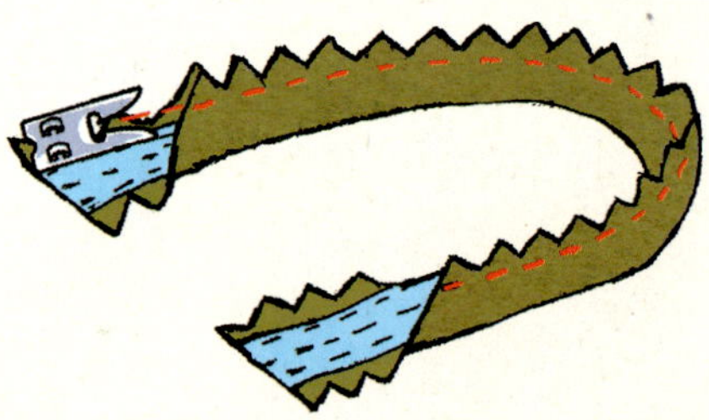

8 Nun den mittleren Teil des Henkels zusammensteppen. Dann liegt er später besser in der Hand.

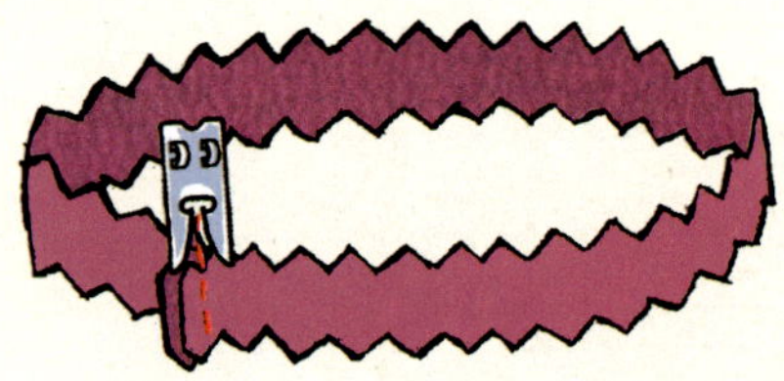

9 Dann den Beleg zum Kreis legen und an den kurzen Seiten zusammennähen. Die Naht auseinanderklappen und gegensteppen.

Tipp

Wir empfehlen magnetische Metall-Druckknöpfe zum Einstecken. Die Pins lassen sich an der Rückseite einfach umknicken.

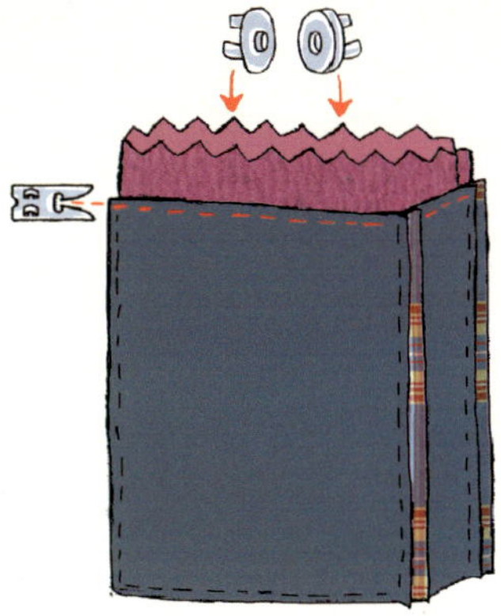

10 Jetzt die Futtertasche rechts auf rechts an den Beleg steppen, sodass der Beleg, wenn man später in die Tasche reinschaut, über dem Futter liegt. Wenn Sie möchten, können Sie jetzt eine Druckknopfhälfte jeweils an der Vorder- und Rückseite mittig in den Beleg einsetzen.

11 Platzieren Sie die Henkel innen auf gleicher Höhe in die Tasche und fixieren Sie diese mit Stecknadeln. Dann setzten Sie den Beleg mit Innenfutter in die Tasche. Wenn Sie, wie hier, mit einer Kontrastfarbe arbeiten, lassen Sie den Beleg 1 cm oben herausschauen.

Übrigens

Richtig charmant wird unser Modell durch eine angesteckte, opulente Brosche. Die Anleitung dazu finden Sie auf Seite 120.

12 Dann den Beleg mit der Außentasche und dem Henkel vernähen.

13 Fertig.

voilà

Elfriede, das Eimerchen

Werkzeug

Nähmaschine
Handnähnadel
Stoffschere
Papierschere
Heißklebepistole
Bügeleisen
Stecknadeln
Sicherheitsnadel
Zickzackschere

Material

(Stoffbreite 140 cm)
Filz in Grün, 50 cm
Baumwollstoff, kariert, 50 cm
Filz in Rot, 10 cm
Spitze, 2 cm x 70 cm
Satinband, 1 cm x 90 cm
Pappe, 15 cm x 15 cm
Nähgarn

Elfriede, das Eimerchen

Das Eimerchen ist das perfekte Behältnis für das spontane Picknick mit dem Sommerflirt. Zwei kleine Piccolos mit Strohhalm und ein Döschen mit Früchten finden hier drin sicherlich Platz. Mit diesem Accessoire auf der Picknickdecke können Sie getrost Ihre frisch manikürten Füße in den See tauchen und mit unwiderstehlichem Unschuld-vom-Lande-Blick den Liebsten mit süßen Erdbeeren füttern…

Der Schnitt

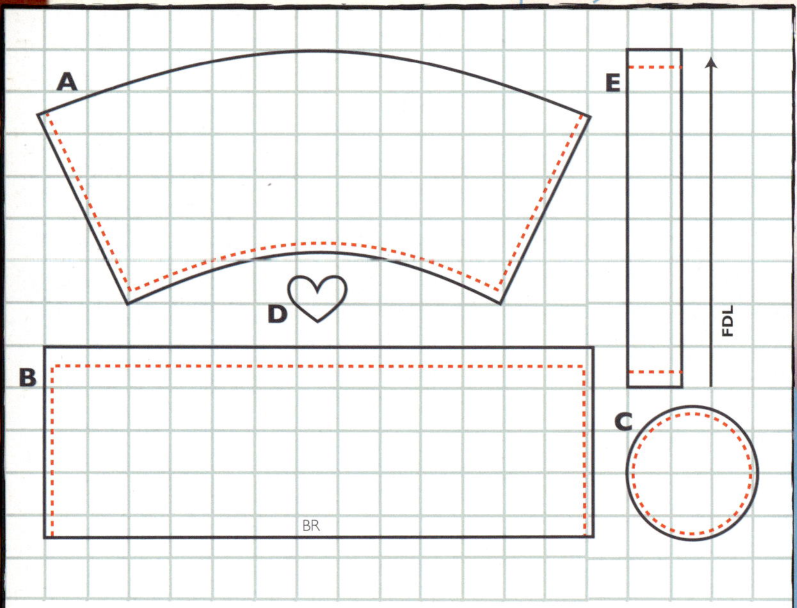

(1 Kästchen = 5 cm x 5 cm)

A Außenwand	1x Filz in Grün
B Abschlusshaube	1x Baumwollstoff kariert
C Boden	2x Filz in Grün, 1x Pappe
D Herz	2x Filz in Grün, 2x Filz in Rot
E Henkel	2x Filz in Grün

1 Vergrößern und übertragen Sie alle Schnittteile und schneiden Sie diese wie angegeben zu. Die Ränder der Henkel mit der Zickzackschere bearbeiten.

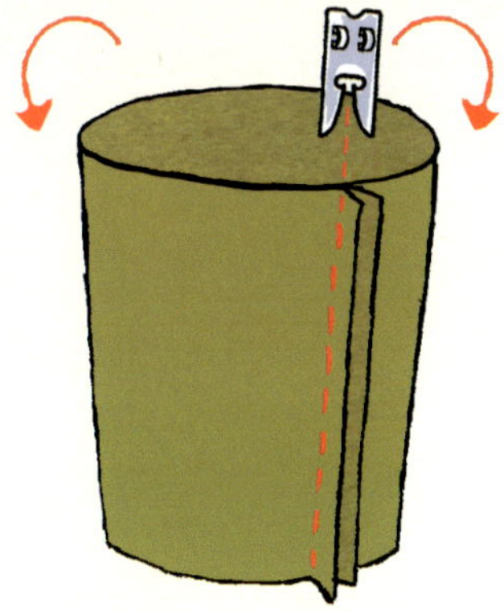

2 Die Außenwand A an der Seite zusammennähen und vorsichtig auf die rechte Seite drehen.

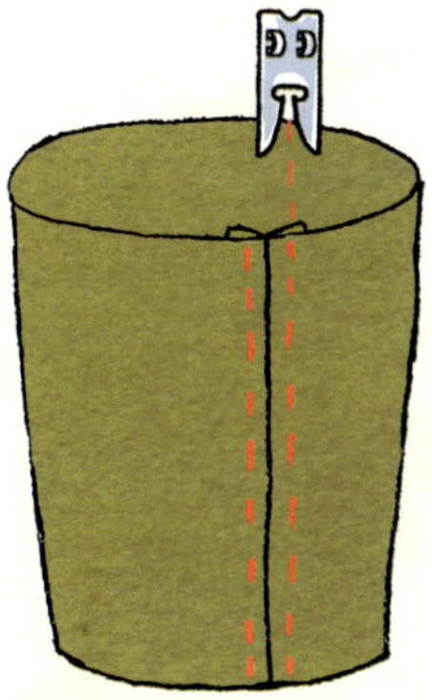

3 Die Nahtzugaben auseinanderklappen und an die linke Seite der Außenwand steppen, damit diese flach anliegen.

Den Boden mit der Nähmaschine einzunähen, ist eine knifflige Angelegenheit. Notfalls mit der Hand nähen oder vorher mit festem Nähgarn reihen.

Tipp

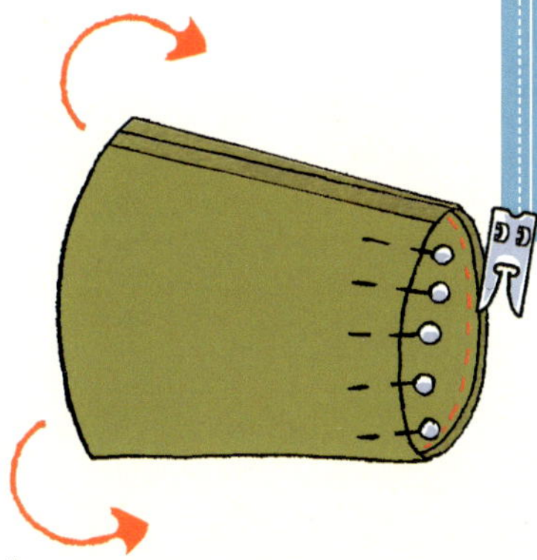

4 Dann den Boden aus Filz an der Außenwand festnähen. Dafür den Boden zuerst gut feststecken, damit die Rundung gleichmäßig verteilt wird, dann steppen und anschließend auf rechts drehen.

5 Damit die untere Kante des Bodens markant und fest wird, den Boden gegensteppen.

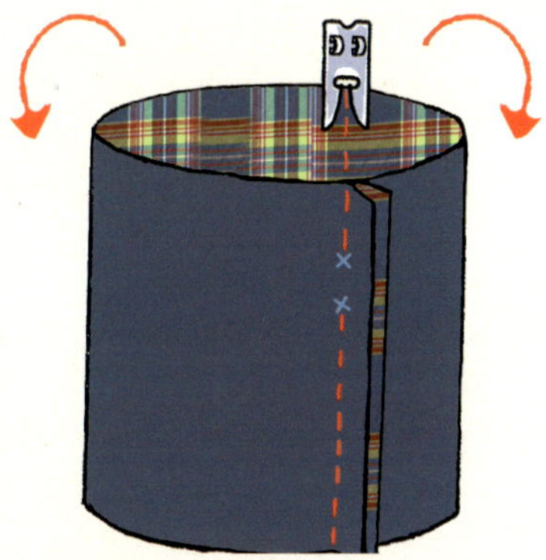

6 Die Abschlusshaube B an der kurzen Seite zusammennähen. Achtung, dabei im unteren Drittel 2 cm für den Tunnelzug offen lassen. Die obere Hälfte nach außen klappen, sodass die rechte Seite außen liegt.

Übrigens

Filze in tollen Farben wie in unserem Kapitel „Charmanter Filz" gibt es bei daimer-filze.com

7 In der Mitte einen 1,5 cm breiten Tunnel für das Satinband (Schritt 6) absteppen. Die Enden des Satinbandes kommen später an der offen gelassenen Stelle heraus. Den unteren offenen Rand der Abschlusshaube mit Zickzackstich versäubern.

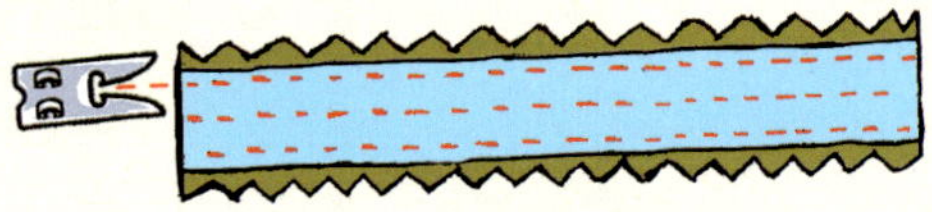

8 Das Ripsband mit drei parallel verlaufenden Nähten auf den Filzhenkel steppen.

Tipp

Richtig charmant wird unser Modell durch eine angesteckte Brosche. Die Anleitung dazu finden Sie auf Seite 120.

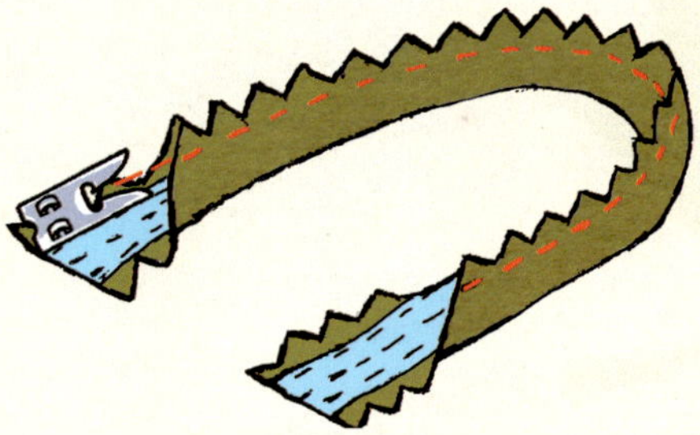

9 Nun den mittleren Teil des Henkels zusammensteppen. Dann liegt er später besser in der Hand.

10 Die Henkel parallel zueinander von innen an die Tasche nähen.

11 Die Abschlusshaube wird nun von innen 2 cm tief in den Eimer gesetzt und von außen festgenäht. Dann die Pappe als Boden einsetzen und den zweiten Filzboden darauf setzen. Damit dieser fest sitzt, mit ein paar Tropfen aus der Heißklebepistole fixieren.

12 Die Spitze am oberen Rand der Tasche rundherum festnähen; dadurch werden die Abschlusshaube sowie die Henkel zusätzlich fixiert. Nun das Satinband mit einer Sicherheits- oder großen Nähnadel in den Tunnel einziehen.

13 Die Enden der Satinbänder jeweils zwischen ein grünes und ein rotes Herz klemmen und festnähen.

voilà

Laptop-Kuschler

Werkzeug
Nähmaschine
Stoffschere
Stecknadeln

Material
(Stoffbreite 140 cm)
Filz in Grau, 45 cm
Ripsband, 2 cm x 8 cm
Klettband, 1,5 cm x 10 cm
Spruchbänder, 1 cm x 10 cm
Nähgarn

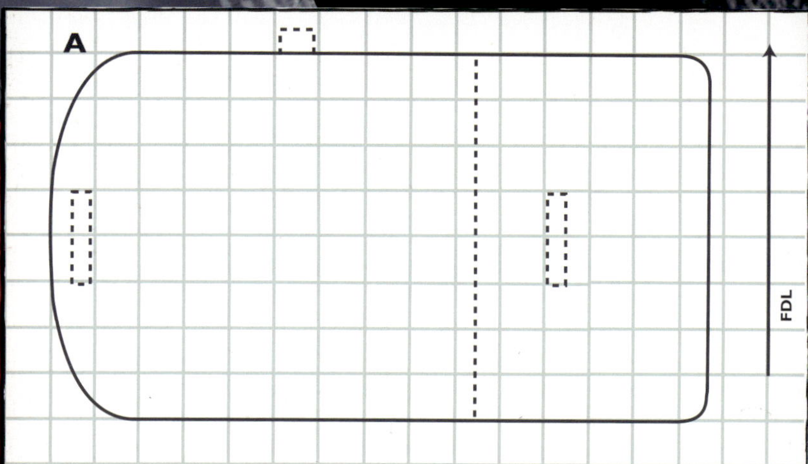

(1 Kästchen = 5 cm x 5 cm)

A Hauptteil 1x Filz in Grau

Der Schnitt

Laptop-Kuschler

Ist mal wieder Home Office angesagt? Keineswegs! In Zeiten von W-LAN gibt es keinen Grund, sich nicht samt Laptop ins gemütliche Café um die Ecke zu setzen. Und da der neue Laptop andauend von A nach B geschleppt wird, braucht er ein sicheres Behältnis, dekoriert mit koketten Sprüchen, damit der Tischnachbar Bescheid weiß, mit wem er es zu tun hat.

Übrigens

Unser Schnitt eignet sich perfekt für das MacBook Pro von Apple. Sie können die Maße aber entsprechend Ihrem Laptop anpassen.

1 Die Spruchbänder kann man im Internet (z. B. www.dortex.de) bestellen und anfertigen lassen. Dann muss man einige Tage warten, bis die Bänder ankommen. Sie können aber auch eine andere Applikation wählen, z. B. ein Flockmotiv wie unser Hirsch-Modell von Seite 62. Dann haben Sie Laptop-Kuschler und Hirschtasche im Set.

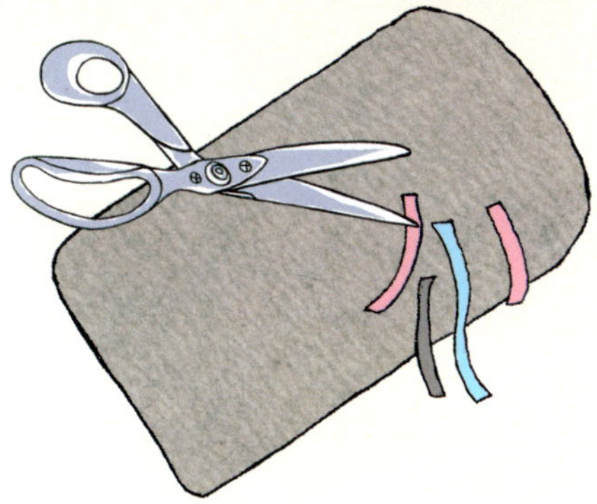

2 Vergrößern und übertragen Sie das Schnittteil und schneiden Sie es wie angegeben zu. Übertragen Sie auch die Markierungen für Überschlag, Klettverschluss und Ripsband.

3 Die eine Hälfte des Klettbands (Widerhaken) auf die linke Seite des Überschlags mittig mit 1 cm Abstand zum Rand festnähen. Das Ripsband mit 25 cm Abstand zum oberen Rand zu einer Schlaufe legen und mit ein paar Stichen seitlich fixieren.

4 Die Spruchbänder auf den Überschlag platzieren und feststeppen. Die andere Hälfte des Klettbands 16 cm vom unteren Rand des Schnittteils auf die rechte Stoffseite steppen.

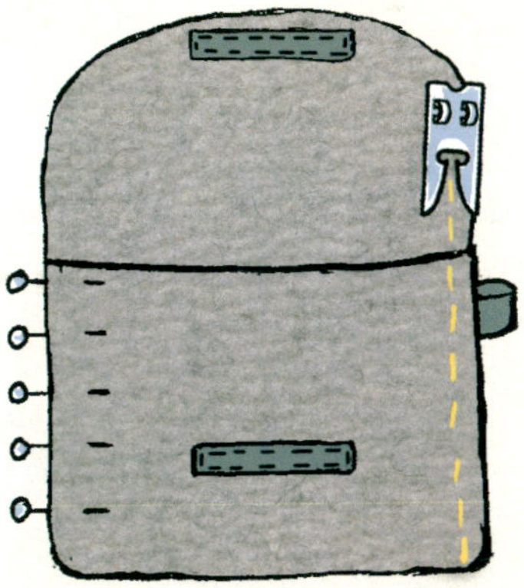

5 Die untere Hälfte an der Markierung nach oben (26 cm) klappen. Die Seitennähte gut zusammenstecken und schließen.

Coco-Cosmetic-Case

Werkzeug

Nähmaschine
Stoffschere
Zickzackschere

Material

(Stoffbreite 140 cm)
Filz in Oliv, 15 cm
Samtband in Schwarz, 1 cm x 32 cm
Spitze, 2 cm x 20 cm
Reißverschluss, 12 cm
Ripsband in Oliv, 1,5 cm x 6 cm
Spruchband, 1,5 cm x 13 cm
(siehe Seite 71)
Nähgarn

Der Schnitt

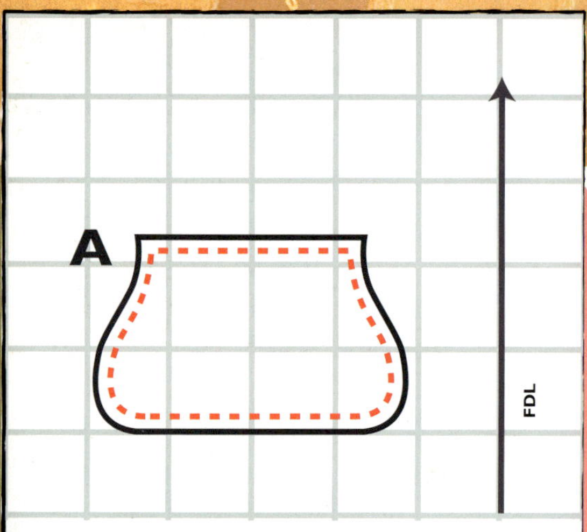

(1 Kästchen = 5 cm x 5 cm)

A Hauptteil 2x Filz in Oliv

Coco-Cosmetic-Case

Diese trapezförmige Kleine, dekoriert mit einem Zitat der strengen Coco Chanel, liegt locker in der Hand und bietet Platz für alle Basis-Beauty-Utensilien wie Mascara, Lippenstift und Puderdöschen, die bei spontanen Korrekturarbeiten immer zur Stelle sein müssen.

Tipp

Wählen Sie am besten einen langen Spruch, www.dortex.de, der sich über die ganze Länge des Bands erstreckt.

1 Vergrößern und übertragen Sie das Schnittteil und schneiden Sie es wie angegeben zu.

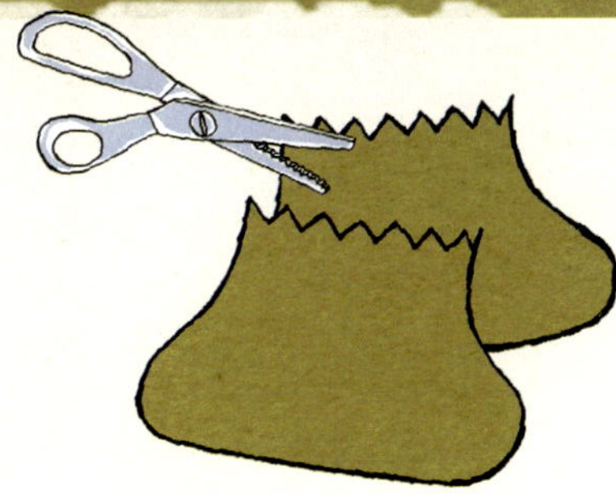

2 Den oberen Rand der Tasche mit der Zickzackschere nachbearbeiten.

3 Vom Samtband 15 cm abschneiden und daraus eine Schleife binden. Restliches Samtband, Schleife, Spruchband und Spitze auf die Vorderseite steppen.

4 Aus dem Ripsband eine Schlaufe bilden und nach innen zeigend auf der Vorderseite mit ein paar Stichen anbringen.

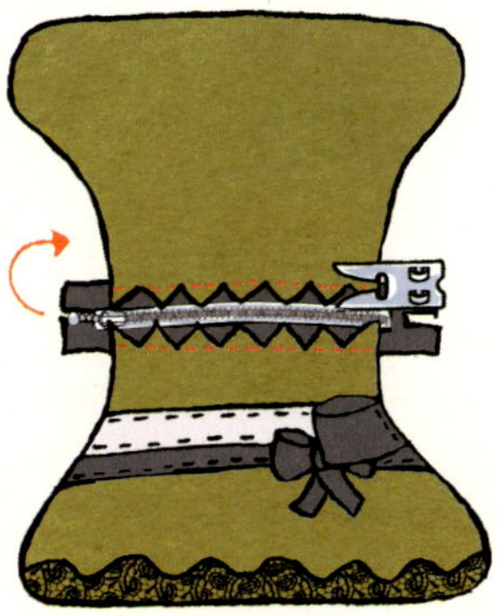

5 Reißverschluss zwischen die Vorder- und Rückseite legen und festnähen.

6 Beide Teile der Tasche rechts auf rechts legen und zusammennähen, dabei darauf achten, dass der Reißverschluss geöffnet ist. Die Tasche lässt sich sonst nicht wenden.

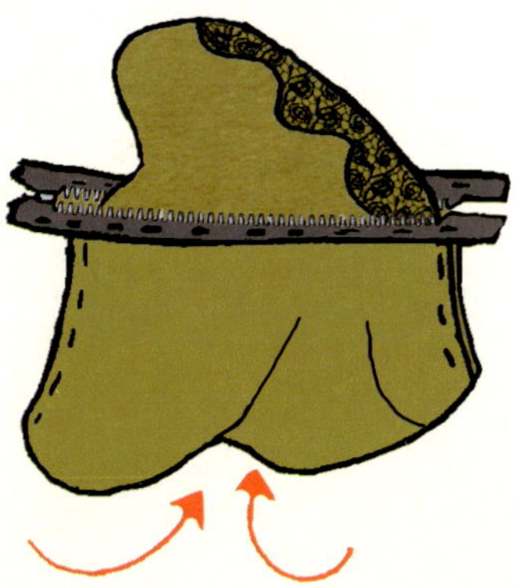

7 Nun die Tasche wenden. Um die Ecken gut herausarbeiten zu können, nehmen Sie das Ende eines Kochlöffels zu Hilfe.

INTERVIEW

mit Karen Weidner von *Karen Weidner Accessoires*

Karen Weidner Accessoires
Thalkirchner Straße 7
80337 München
www.karenweidner.de
info@karenweidner.de

Karen Weidner kreiert leckere Handtaschen – jede davon ein einzigartiges Unikat. Sie erinnert sich, dass Sie es schon als Kind liebte, sich ihre Puppenhaus-Accessoires mit Nadel und Faden selbst zu schaffen. Gerne hätte sie deshalb Handarbeitsunterricht an ihrer Schule gehabt, aber bedauerlicherweise war das damals längst „out". Das erklärt wohl auch, warum die studierte Modedesignerin (Absolventin der ESMOD) kein großer Fan der Nähmaschine ist. Sie bevorzugt es, ihre Taschen-Skulpturen mit hunderten von Handstichen herzustellen.

Wann entstand bei Ihnen der Entschluss, sich selbstständig zu machen?
Schon während des Studiums stand für mich fest, dass ich mich selbstständig machen möchte. Es war mir natürlich nicht klar, was das heißt! Ich wollte einfach meine Sachen machen. Als Angestellte eines Unternehmens muss man sich sehr einschränken. Schnittentwicklung ist sehr teuer, da wird dann meistens ein Musterteil gekauft und leicht abgewandelt und fertig ist das Design. Das gilt auch für Accessoires!

Offensichtlich werden Sie für Ihre Taschen von köstlichen Backwaren inspiriert. Wie kommt es zu so einer Kreation bzw. welche Aussage verbirgt sich hinter Ihren Entwürfen?
So lange ich denken kann, stehe ich auf Süßigkeiten! Es war nie wichtig, was es zu Essen gab. Wichtig war immer nur das Dessert. Besonders gerne mag ich Pralinen, Kuchen und Plätzchen. Es hat mich einfach fasziniert, aus Filz und anderen Materialien Kuchen und ähnliches so nachzustellen, dass jeder erkennt, um was es sich handelt.

Zeigen Sie uns Ihr Lieblingsstück aus Ihrer aktuellen Kollektion? Gibt es dazu eine Geschichte?
Es ist die Himbeerrolle. Das ist mein Lieblingskuchen! Meine Mutter macht sie öfters für mich!

Welches sind Ihre bevorzugten Materialien?
Filz! Er lässt sich sehr gut verarbeiten, franst nicht und ist zudem auch schön stabil.

Sie gehören zu den Designern, die in Eigenproduktion fertigen. Wäre es auch eine Option für Sie, produzieren zu lassen? Oder haben Sie damit sogar schon Erfahrung gesammelt?
2005 habe ich mit einer Produktion in China verhandelt. Ich habe dann aber gemerkt, dass die Taschen sehr an Charme verlieren, wenn sie maschinell hergestellt werden. Ich denke, man sieht den Taschen an, wie sie produziert werden! Ich bleibe bei der Handarbeit.

Wie viele Stunden stecken in so einem Modell?
Etwa eine Woche dauert es, bis ein Modell fertig ist. In der Entwicklungsphase auch länger.

Ihre Taschen sind fast wie kleine Kunstwerke oder Couture-Stücke. Werden Ihre Modelle in klassischen Boutiquen oder sogar in Galerien verkauft?

Die Taschen werden bei dem Versandhandel Artedona angeboten. Sie waren in der Ausstellung *Schokolade* im Café Luitpold (München) zu sehen und werden bei Vernissagen, Cafés und Galerien ausgestellt. Ansonsten werden die Taschen über meine Webseite vertrieben, weil es bei Handarbeit schwierig ist, sich mit Händlern auf einen Einkaufspreis zu einigen. Preislich liegen die Taschen zwischen 390 und 550 €. Aber ich habe auch preisgünstigere Teile in meiner Kollektion, z.B. Haarbänder und andere Accessoires.

Ihre Zielgruppe sind sicherlich Liebhaber dieses einzigartigen Stils. Wo finden Sie Ihre Kunden oder wo finden Ihre Kunden Sie?
Die meisten Kunden kommen auf mich zu, wenn ein Artikel in einer Zeitung oder ein Bericht im Fernsehen über mich gekommen ist. Oder sie kommen eben übers Internet. Das Internet ist eine wichtige Plattform. Demnächst möchte ich auch einen Blog schreiben. Dann können die Kunden mehr Anteil an der Produktion haben und auch Kommentare abgeben. Kundenwünsche führen oft zu neuen Ideen.

In einem Videoclip im Internet kann man Sie zu Hause arbeiten sehen. Welche Vor- und Nachteile hat der Arbeitsplatz zu Hause.
Es ist angenehm, sich seine Zeit selber einzuteilen. Man muss allerdings sehr aufpassen, dass man sich nicht verzettelt! Es ist immer gut, wenn es eine Deadline gibt! Aber manchmal ist es auch nicht so schön, alleine in einem Zimmer zu hocken. Deshalb gehe ich auch sehr gerne unterrichten.

Sie unterrichten auch an der AMD (Akademie Mode & Design) München. Was raten Sie jungen Absolventen, die nach ihrer Ausbildung den Sprung in die Selbstständigkeit wagen möchten?
Ich rate unseren Studenten, erst einmal Erfahrungen und Kontakte in der Industrie zu sammeln und sich dann erst selbstständig zu machen. Wettbewerbe können auch hilfreich sein. Ein Businessplan ist sinnvoll. In München kann man auch kostenlose Beratungen zur Firmengründung in Anspruch nehmen. Wenn man sich keinen Steuerberater leisten kann, muss man wissen, wie man seine Buchführung selber macht. Wenn man sich mit jemandem zusammenschließt, muss vorher sehr sorgfältig geklärt werden, wer was macht, wie mit dem Geld umgegangen wird und wie viel Zeit jeder einbringen kann. Es ist ein großer Unterschied, ob man miteinander befreundet ist oder miteinander ein Geschäft führt. Es ist auf jeden Fall wichtig, zu wissen, wo jeden Monat das Geld für die Miete herkommen soll.

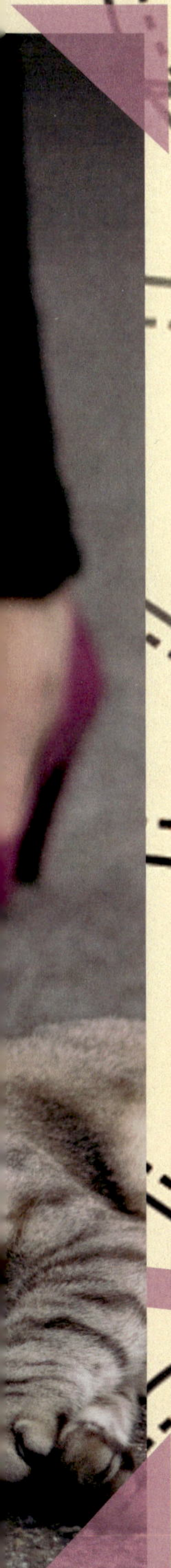

Bild dir deine Tasche

Für die extrovertierten *Fashionistas* und Boys unter Ihnen, die mit plakativen Motiven ein Statement setzen wollen, ist diese Parade der coolen Alloverprint-Taschen gerade richtig, denn sie lässt selbst versnobte Lifestyle-Redakteure auf der Berliner Modewoche über ihr iPhone blinzeln. Die vorgestellten Schnitte lassen sich auch grandios in unifarbenem Leder oder gewaschenem Kanvas umsetzen.

XXL-Print-Tote

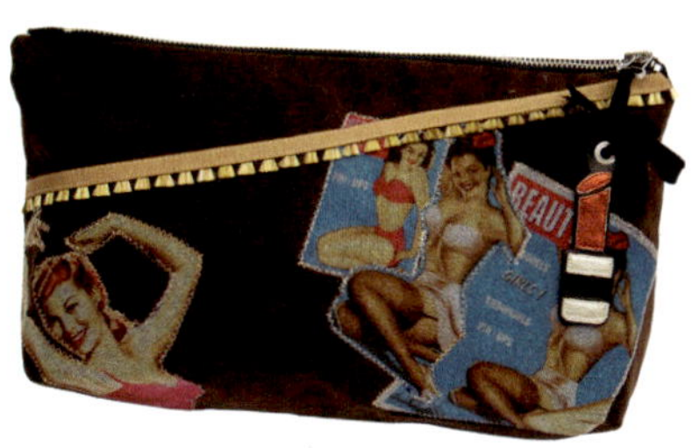

Pin-up-Make-up-Tasche

Transparent-Tote

XXL-Print-Tote

Werkzeug

Nähmaschine
Handnähnadel
Stoffschere
Papierschere
Schneiderkreide
Lochzange
Stecknadeln
Bügeleisen

Material

(Stoffbreite 140 cm)
Stoff, digital bedruckt, 130 cm
Bügeleinlage, 130 cm
Futterstoff, 130 cm
Baumwollgurtband, 3 cm x 110 cm
Pappe, 30 cm x 60 cm
PVC in Pink, 4 cm
Spruchband, 1,5 cm x 20 cm
grobes Garn
Nähgarn

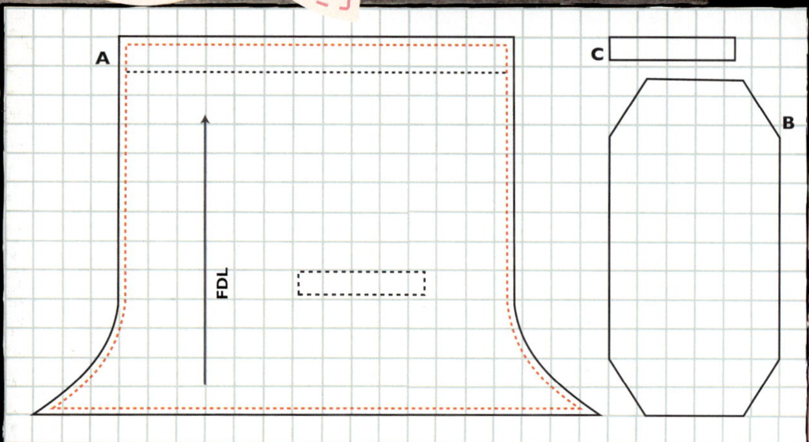

(1 Kästchen = 5 cm x 5 cm)

A Hauptteil	2x bedruckter Stoff, 2x Futterstoff, 2x Einlage
B Boden	1x Pappe
C PVC-Schild	1x PVC

Der Schnitt

XXL-Print-Tote

Der Digitaldruck ist auf dem Vormarsch. Vor allem, wenn man nicht an Stückzahlen gebunden ist. Ohne viel schnitttechnischen Aufwand kann man fantastische Effekte mit dem richtigen Motiv erzielen. Wir haben einen super Snapshot von einem Graffiti als Vorlage genommen. Aber egal, ob Lieblingsfoto, Collage oder ClipArt. Gerade wenn Sie noch Nähanfänger sind, eignet sich dieses Modell dank des einfachen Schnitts super für Einsteiger. Wenn Sie es nicht ganz so riesig mögen, lässt sich der Schnitt auch ganz einfach proportional verkleinern.

1 Vergrößern und übertragen Sie alle Schnittteile und schneiden Sie diese wie angegeben zu.

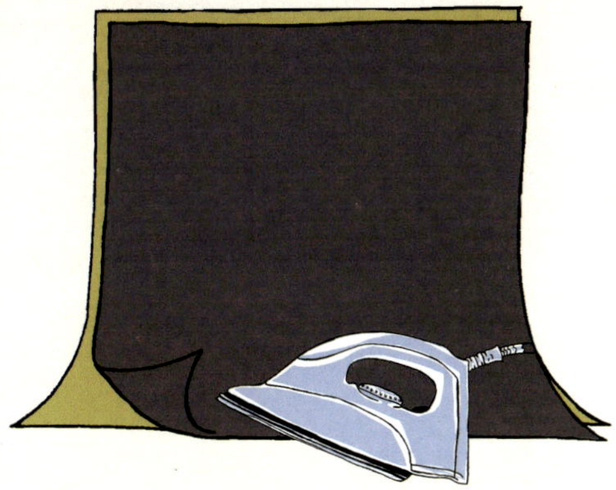

2 Die Einlage auf die Schnittteile A (bedruckter Stoff) bügeln.

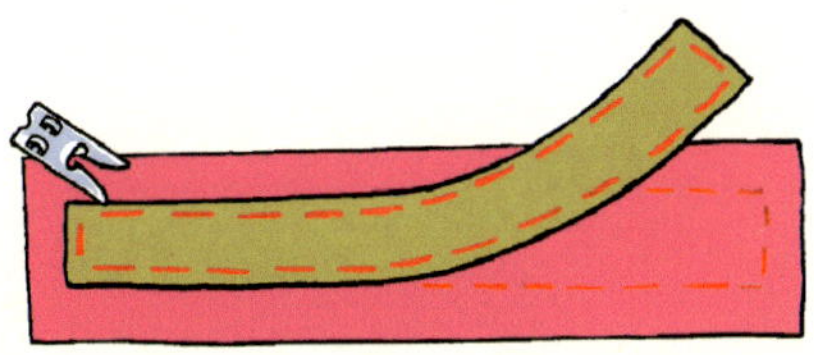

3 Das Spruchband auf das PVC-Schild nähen.

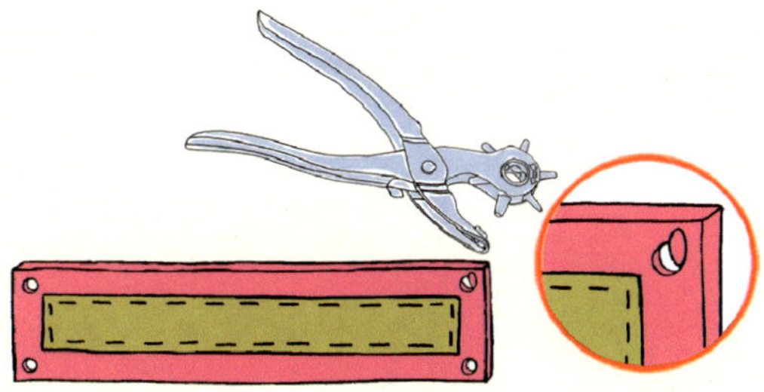

4 Mit der Lochzange Löcher in die Ecken stanzen.

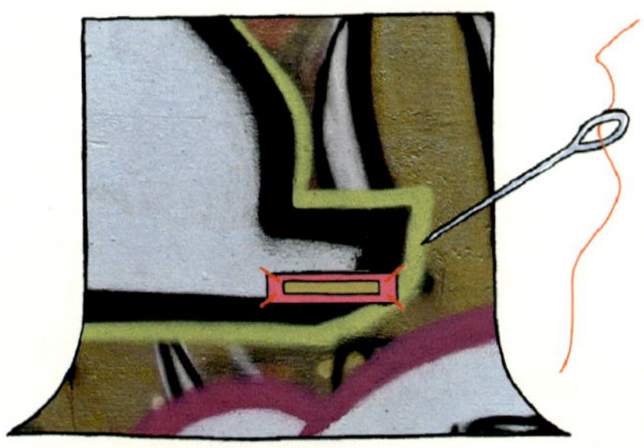

5 Das Spruchband von Hand mit dickem Garn durch die vorgestanzten Löcher auf die Vorderseite der Tasche (siehe Markierung auf Schnittteil A) nähen.

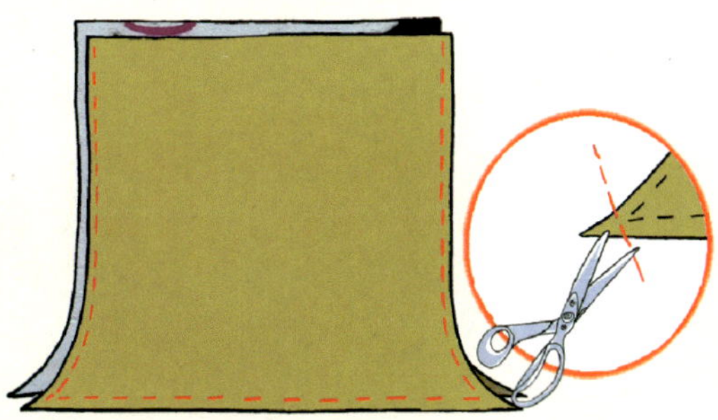

6 Vorder- und Rückseite der Tasche rechts auf rechts an den Seiten zusammennähen. Die unteren Spitzen knapp an der Naht wegschneiden.

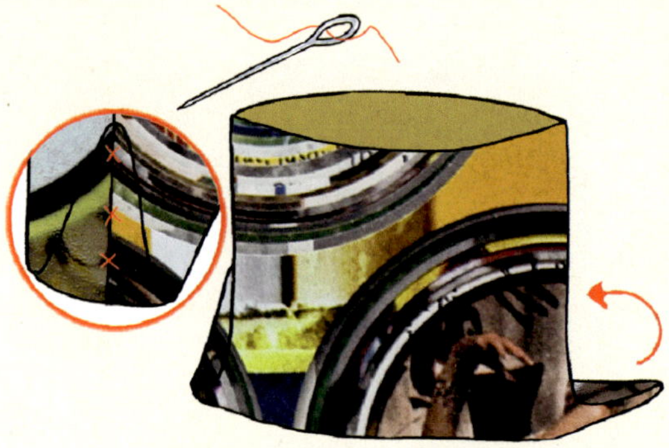

7 Die äußeren Ecken ca. 19 cm nach oben umschlagen und im Schatten der Naht festnähen.

8 Für das Futter Vorder- und Rückseite des Futterstoffs rechts auf rechts an den Seiten zusammennähen, dabei in der unteren Mitte ca. 20 cm offen lassen. Die unteren Spitzen knapp an der Naht wegschneiden.

9 Die Ecken des Futters wie bei Schritt 7 umschlagen und festnähen.

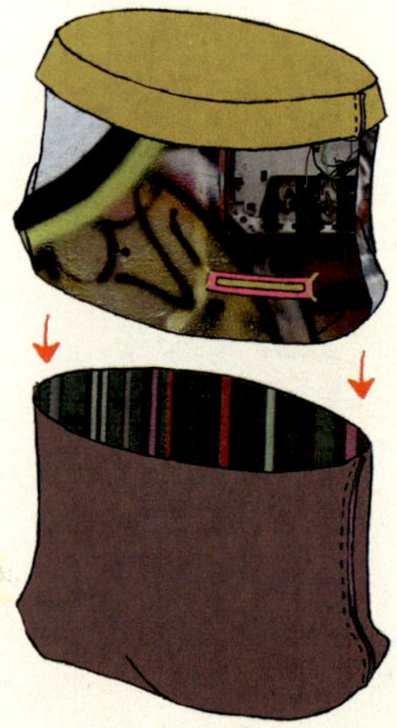

10 Den Rand der Außentasche 5 cm nach außen schlagen und rechts auf rechts in das Innenfutter stecken. Achtung: Taschenboden B dazwischen einsetzen!

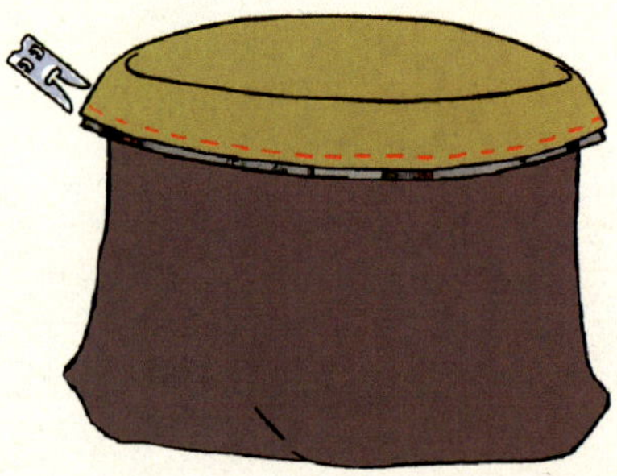

11 Außentasche und Innentasche an der oberen Kante zusammennähen.

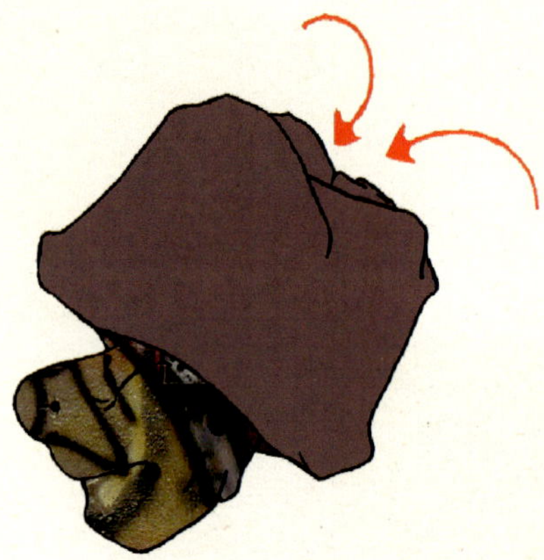

12 Die Außentasche durch die Öffnung des Innenfutters auf rechts ziehen.

13 Die Öffnung im Futter schließen.

14 Für die Riemen das Baumwollgurtband beidseitig an der Tasche positionieren und mit dem Stoff einfassen und festnähen.

15 Fertig.

Tipp

Unser Schnitt eignet sich perfekt für einen brillanten Digitaldruck. Nutzen Sie den Service von www.textilfab.de, die uns den Stoff für dieses Modell bedruckt haben.

Pin-up-Make-up-Tasche

Werkzeug
Nähmaschine
Stecknadeln
Stoffschere
Bügeleisen

Material
(Stoffbreite 140 cm)
Lederimitat
in Braun, 30 cm
Stoff mit Motiven, 30 cm
ggf. Borte, 1 cm x 40 cm
Reißverschluss, 32 cm
Nähgarn

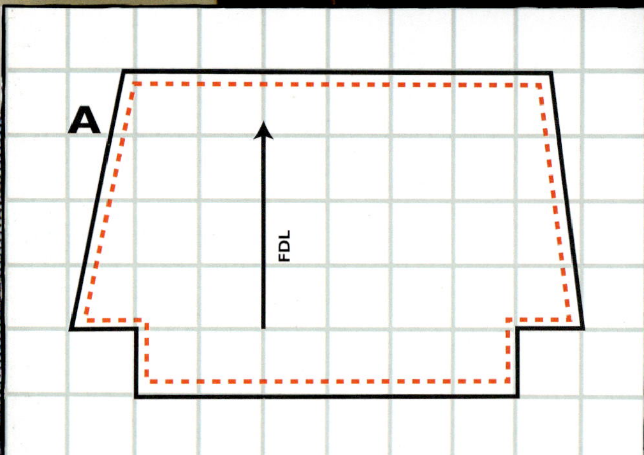

(1 Kästchen = 5 cm x 5 cm)

A Hauptteil 2x Lederimitat

Der Schnitt

Pin-up-Make-up-Tasche

„Diamonds are a girl's best friends" – Diamanten sind zwar ganz hübsch, ich jedoch könnte nicht mehr ohne meine besten Freunde, nämlich Mascara und Lippenstift, vor die Tür gehen. Diese kleinen Helfer haben ein schickes Täschchen verdient. Unser Kulturbeutel ist inspiriert von der Ära der Pin-up-Girls. Die heißen Chicks haben wir aus einem Pin-up-Stoff ausgeschnitten. Sie können aber auch andere Motive z. B. Blumen oder Tiere aus Stoffen ausschneiden. Oder Ihren eigenen Stoff bedrucken oder mit Flockprint arbeiten, oder, oder, oder …

Tipp

Wenn Sie keinen schönen Stoff mit Printmotiv finden, empfehlen wir *Photo-Fabric-Stoff* (bei stoffe.de). Sie können beliebige Motive mit dem Tintenstrahldrucker ausdrucken, ausschneiden und applizieren.

1 Vergrößern und übertragen Sie Schnittteil A und schneiden Sie es zu.

2 Aus dem bedruckten Stoff Motive ausschneiden und auf dem Schnittteil für die Vorderseite platzieren.

3 Die Motive mit Zickzackstich auf die Vorderseite applizieren.

4 Wer will, kann zusätzlich Borten und Bänder aufnähen.

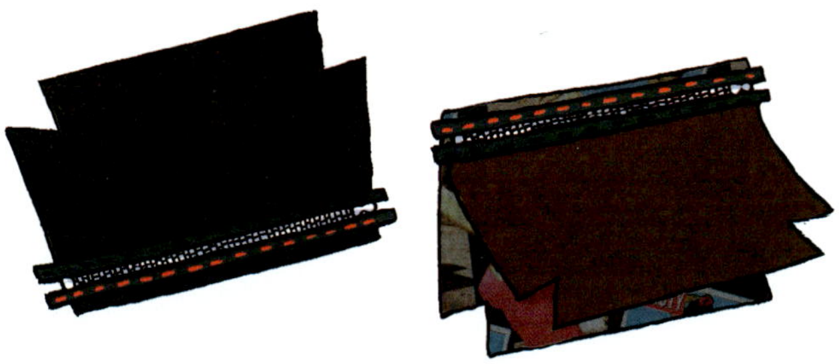

5 Den Reißverschluss zwischen Vorder- und Rückseite einnähen.

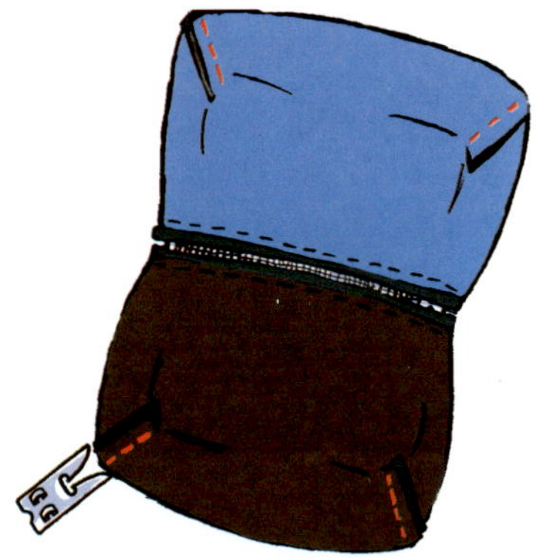

6 Die Abnäher an den Ecken des Vorder- und Rückteils schließen.

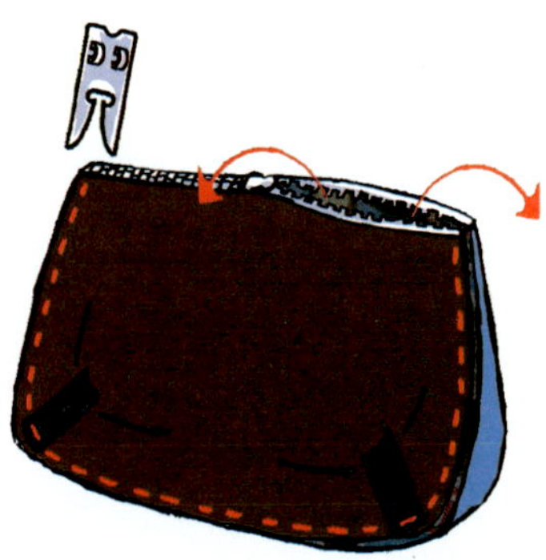

7 Vorder- und Rückteil rechts auf rechts zusammennähen und umstülpen. Die Anleitung für den Lippenstift-Anhänger finden Sie auf S. 122.

8 Fertig!

voila

Transparent Tote

Werkzeug
Klebestift
(kein Flüssig-Kleber)
Nähmaschine
Stecknadeln
Stoffschere
Zickzackschere
Papierschere

Material
(Stoffbreite 140 cm)
PVC, transparent, 85 cm
Lederimitat, 30 cm
Zeitungsausschnitte
und/oder Postkarten
Nähgarn

Transparent Tote

Es muss nicht immer Stoff sein, aus dem die Taschenträume sind. Schon seit den sechziger Jahren lieben Designer die futuristische Anmutung von Plastik-Materialien. Transparenz ist da ein immer wiederkehrendes Phänomen in den Taschenkollektionen der großen Designer, von Chanel bis Louis Vuitton. In unserer Variante allerdings wollen wir keinen Einblick ins Tascheninnere gewähren, das soll weiter geheim bleiben. Viel lieber legen wir unsere Lieblingsbilder zwischen die Taschenwände und tragen sie ausgiebig spazieren.

Der Schnitt

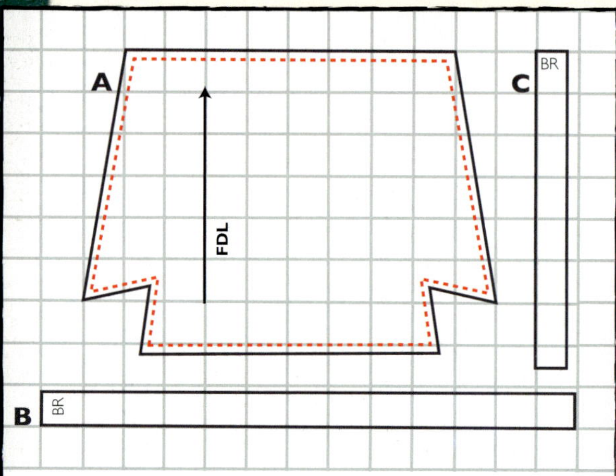

(1 Kästchen = 5 cm x 5 cm)

A Hauptteil 4x PVC
B Einfassband 1x Lederimitat
C Henkel 4x Lederimitat

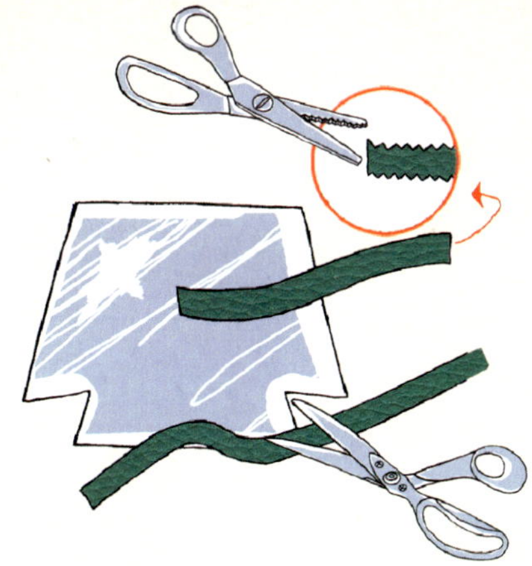

1 Das PVC zuschneiden und die Ränder des Einfassbandes mit Zickzackschere bearbeiten.

2 Lieblingsmotive (siehe auch Tipp Seite 86) aus der Zeitung ausschneiden.

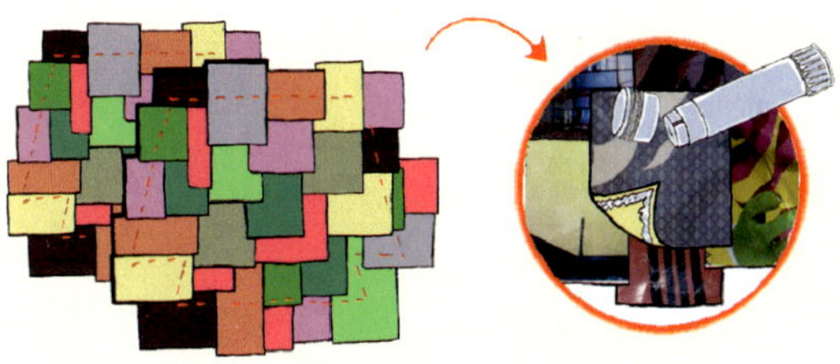

3 Ordnen Sie die Teile so an, dass sie größer als Schnittteil A sind, und kleben Sie diese mit einem Klebestift zu einer großen Fläche zusammen. Sie brauchen dafür zweimal eine Papierfläche in der Größe von Teil A.

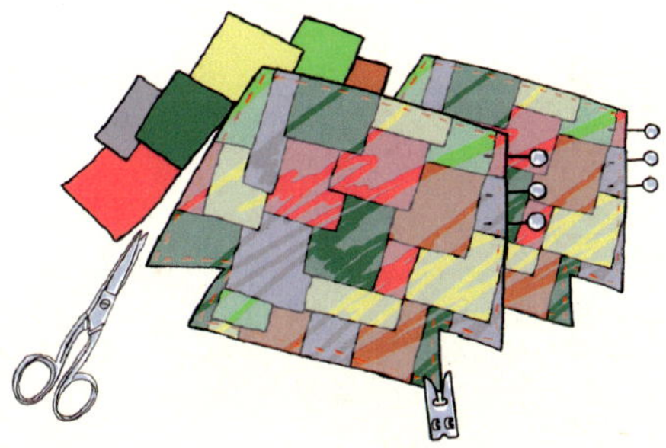

4 Auf jedes Papierteil nun PVC legen und an den Rändern zusammennähen. Überschüssiges Papier abschneiden.

5 Die andereren PVC-Stücke hinter die Papierteile legen, sodass das Papier zwischen den beiden transparenten Folien liegt. Erneut rundum nähen.

6 Vorder- und Rückseite der Tasche rechts auf rechts an den Seiten zusammennähen. Die unteren Spitzen knapp an der Naht wegschneiden.

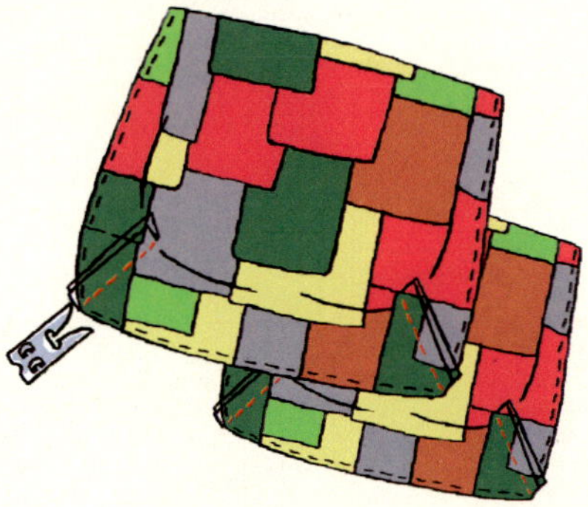

7 Die Abnäher an den Ecken zusammennähen.

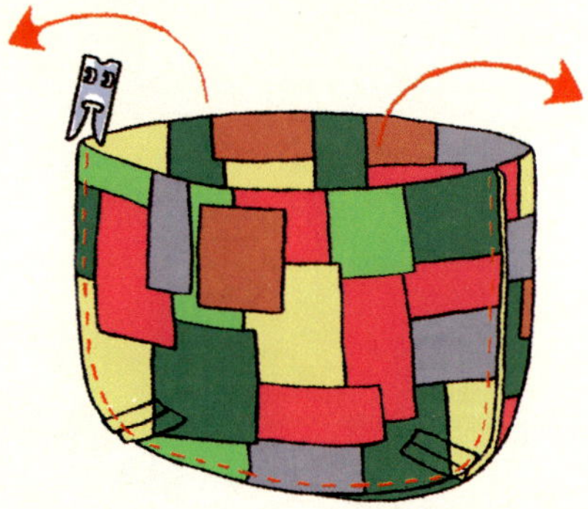

8 Vorder- und Rückseite rechts auf rechts zusammennähen, vorsichtig wenden.

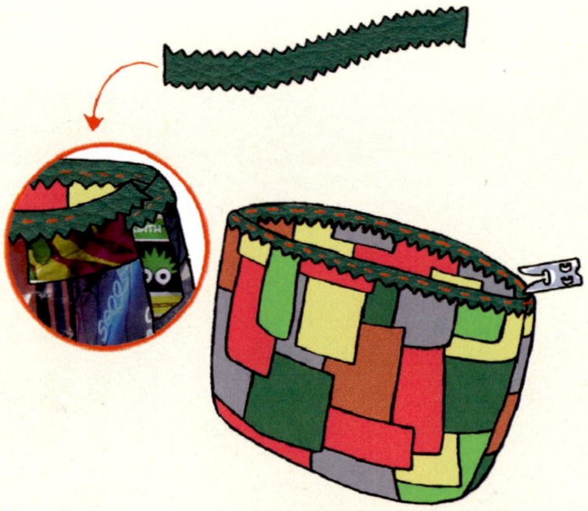

9 Das Einfassband um den Taschenrand legen und von rechts absteppen.

10 Für die Henkel zweimal zwei Henkelstreifen zu einem Ring zusammennähen.

Tipp

Zeitschriftenschnipsel, alte Fotos oder ein Poster eignen sich für diese Tasche. Sie können auch getrocknete Blumen zwischen die PVC-Lagen platzieren.

11 Die Henkel links auf links aufeinander legen und absteppen.

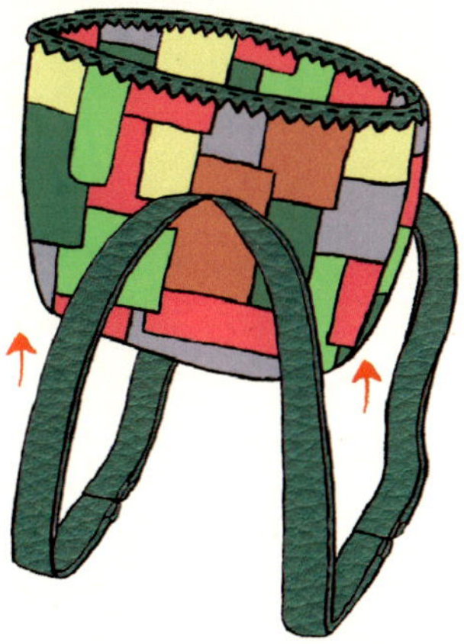

12 Die Henkel um die Tasche herum positionieren, dabei darauf achten, dass die Nähte des Henkels auf dem Boden liegen.

13 Die Henkel an der oberen Naht entlang an die Tasche steppen.

14 Fertig! Die Anleitung für den Monster-Anhänger finden Sie auf S. 121.

voila

Wir empfehlen einen Klebestift für Papier. Achten Sie darauf, dass keine Lösungsmittel enthalten sind, die das PVC-Material angreifen können.

Tipp

INTERVIEW

mit Franziska Ellenberger von *sistars*

sistars Taschen
Landorfstraße 8
CH-3098 Köniz
www.sistars.ch
info@sistars.ch

sistars wurde 2001 von den Schwestern Franziska Ellenberger und Kathrin Pompe gegründet. Im Jahr 2004 wurde der *sistars*-Laden in Köniz eröffnet. Seit dem Sommer 2008 werden die Taschen von Franziska weiter produziert, während ihre Schwester Kathrin als Köchin arbeitet. Das Label *sistars* steht für sternenbesetzte Taschen mit Henkel oder Trageriemen aus Blache oder Kunstleder. Auslöser für die Gründung des Labels *sistars* war eine simple Badetasche eines unbekannten Labels. Da weder Tragekomfort noch Innenleben dieser Tasche befriedigend waren, entstand aus einer Lastwagenplane das erste eigene Modell, die Urmutter der *sistars*-Kollektion. Dies war zwar keine Badetasche mehr, doch an der Urtasche wurde mit Feuereifer gefeilt, die technischen und handwerklichen Feinheiten mit der ganzen Familie optimiert.

Welchen fachlichen Background haben Sie beide?
Als gelernte Kürschnerinnen hatten wir nach einigen Jahren Berufserfahrung unterschiedliche Richtungen eingeschlagen: Meine Schwester Kathrin arbeitete im Bereich Events und Dekoration und gründete 1995 eine Familie. Ich absolvierte eine Ausbildung im Schnittzeichnen und eröffnete 1989 in Köniz ein Atelier für Männer- und Frauenkleider nach Maß. Die Infrastruktur war also schon mehr oder weniger vorhanden, als wir unsere ersten Taschen entwarfen.

Weiterhin fertigen Sie jede einzelne Tasche in Ihrer Werkstatt. Preislich liegen diese zwischen 185 SFr und 620 SFr. Gibt es eine besondere Philosophie, die Sie verfolgen?
Da wir jede Tasche von A-Z selber fertigen, hatten wir von Anfang an das Ziel, jeder Kundin und jedem Kunden eine individuelle Tasche anzubieten, eine Philosophie, die sich bis heute sehr bewährt hat und die uns von vielen Taschenherstellern unterscheidet. Dabei schätze ich die Freiheit, jederzeit Neues auszuprobieren, alte Modelle zu überarbeiten oder aus dem Sortiment zu kippen und die Tatsache, dass wir kein großes Taschenlager benötigen. Der Nachteil besteht darin, dass wir viele Materialien vorrätig haben müssen und großen Aufwand beim individuellen Zuschnitt und bei der Verarbeitung betreiben.

Sie bieten dem Kunden die Möglichkeit, sich seine eigene Tasche mit seinen Wunschformen und -farben zusammenzustellen. Wird dieses Angebot oft in Anspruch genommen?
Ja, es wird sehr oft genutzt. Die einen haben betreffend ihrer Tasche schon genaue Vorstellungen, andere lassen sich von der großen Auswahl an Farben und Kombinationen inspirieren. Dabei ist der Katalog, in dem fast jede bisher gefertigte Tasche abgebildet ist, eine gute Hilfestellung und Inspirationsquelle. In allen Fällen ist mir eine gute Beratung wichtig. Es gibt nichts Schöneres, als gemeinsam mit dem Kunden die passende Tasche zu finden, diese zuzuschneiden, zu nähen und zu guter Letzt persönlich zu übergeben.

Sie bieten ein breites Spektrum an Taschenmodellen an – von der einfachen Tragetasche bis hin zur ausgefeilten Handtasche mit integrierten Seiten- und Handytäschchen. Legt der Kunde hier eher Wert auf ein aufwendiges Stück oder greift er doch lieber zurück auf ein Basismodell?

Da die meisten Kunden schon eine oder mehrere Taschen besitzen, wissen sie fast immer, welche Ansprüche sie an ein Innenleben haben. Die einen wollen es möglichst einfach, andere haben am liebsten viele Fächer, sei es für das Portemonnaie, die Trinkflasche, den Lippenstift oder das Bus-Abo. Je größer die Tasche, umso aufwendiger und individueller wird in der Regel das Innenleben.

Haben Sie ein Lieblingsmodell?

Es ist *sagittarius* (oben rechts), ein Weekender mit einigen schönen und funktionellen Details. Vorbild für diese Tasche war ein Erbstück meiner Großmutter aus den sechziger Jahren.

Das Label *sistars* gibt es seit 2001. Sicher haben Sie ein paar Erfahrungen gesammelt bezüglich der Vor- und Nachteile einer geschäftlichen Partnerschaft.

Die Vorteile haben in unserer gemeinsamen geschäftlichen Partnerschaft ganz eindeutig überwogen. Nach den ersten Messeerfahrungen, dem Kontakt zu Großkunden und umfangreichen Bestellungen haben wir gemerkt, wo unsere Grenzen liegen und was uns wichtig ist. Uns wurde klar, dass trotz der vielen Bestellungen eine Zusammenarbeit mit einem Konfektionär nicht in Frage kommt und dass wir auch in Zukunft nicht extern produzieren lassen möchten. Mit diesem Entscheid wurde es aber auch schwieriger, Wiederverkäufer zu finden, die bereit waren, die aufwendige und zeitintensive Beratung für eine individuelle Tasche auf sich zu nehmen. Wichtig war auch die Einigkeit in Finanzfragen, Lohnvorstellungen, etc. Uns war von Anfang an klar, dass wir mit unserem Konzept nie viel verdienen würden. Umso mehr haben wir bei größeren Investitionen wie bei der Ladeneröffnung darauf geachtet, dass wir kein zu großes finanzielles Risiko eingehen und dass ein Ausstieg bei *sistars* jederzeit möglich ist, ohne dass die Partnerin in finanzielle Schwierigkeiten gerät. Dies kam uns sehr entgegen, als meine Schwester sich vor drei Jahren entschloss, sich einer anderen großen Leidenschaft zu widmen – dem Kochen. Seither gehen wir beruflich wieder getrennte Wege, stehen uns aber gegenseitig nach wie vor mit Rat und Tat zur Seite.

Lovely Vintage Look

Es ist ja gerade schwer en vogue alte, nostalgische Wohnaccessoires so aufzuarbeiten, dass die Objekte den Charme längst vergangener Tage wieder entfalten – wobei man gewollt den Patina-Effekt erhält oder gezielt nicht so perfekt arbeitet. Ähnlich romantisch-nostalgisch sind die folgenden Modelle: Der stets runde Taschenkörper in verschiedenen Variationen ist definitiv ein Kurvenstar und wurde hier mit Kleinigkeiten aus dem Nähkästchen reich verziert.

Leo-Shopper

Betty Bamboo

Die kordelhafte Welt der Rosalie

Rollmäppchen Marita

Zipper-Pochette

Leo-Shopper

Werkzeug

Nähmaschine
Stoffschere
Schneiderkreide
Stecknadeln
Handnähnadel
Bügeleisen

Material

(Stoffbreite 140 cm)
Leopardenfellimitat, 30 cm
Samt in Lila, 25 cm
Samt in Braun, 15 cm
Futterstoff, 45 cm
Bundfix, 140 cm
Knöpfe
(ggf. Reste von Leder und Bändern)
Nähgarn

Der Schnitt

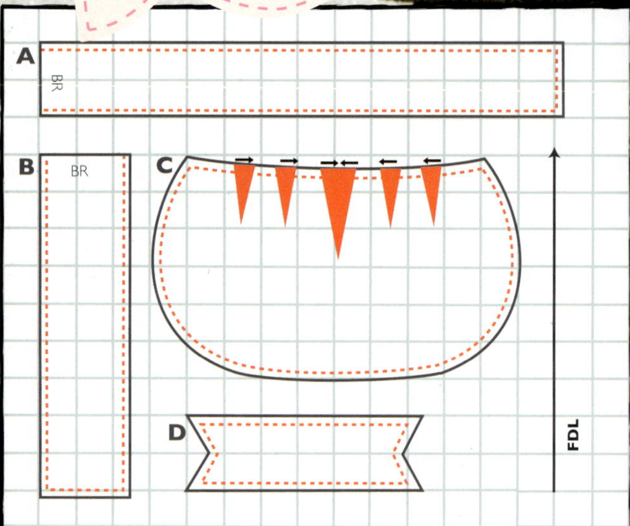

(1 Kästchen = 5 cm x 5 cm)

A Henkel	1x Samt in Lila
B Seitenteil/Boden	1x Samt in Braun, 1x Futterstoff
C Hauptteil	2x Fellimitat, 2x Futterstoff
D obere Blende	2x Samt in Lila

Leo-Shopper

Leopardenmuster sind ja ein schwieriges Thema. Das Muster allein weckt schon die unterschiedlichsten Assoziationen, die in der Frauenbewegung für Tiraden des Hasses sorgen. Ob tussig, ordinär, provokativ oder sexy – machen Sie sich doch Ihr eigenes Bild. Wir jedenfalls lieben das Spiel mit Klischees. Geschmückt mit der bunten Knopfsammlung erhält das wilde Raubtier seine längst fällige Zähmung.

1 Vergrößern und übertragen Sie alle Schnittteile und schneiden Sie diese wie angegeben zu.

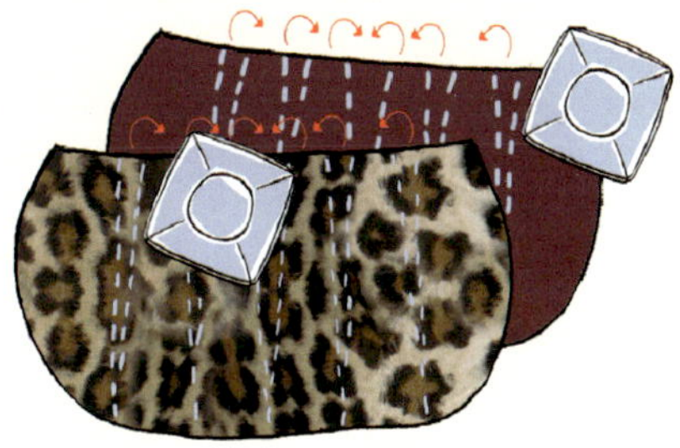

2 Übertragen Sie die Falten auf die Schnittteile C (zweimal Fell, zweimal Futter) und legen Sie auf allen Schnittteilen C von außen nach innen an den markierten Stellen Falten. Wer die Tasche fester haben möchte, kann auf die Teile C zusätzlich Einlage aufbügeln.

3 Den oberen Rand der Teile C absteppen und damit die Falten fixieren.

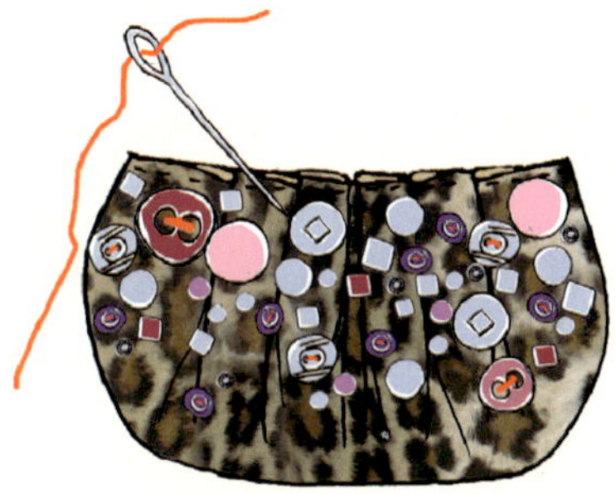

4 Knöpfe auf das Vorderteil nähen, einige kleine noch beiseite legen.

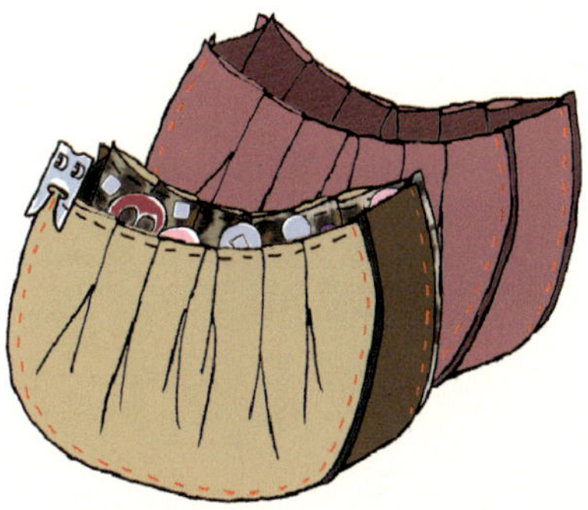

5 Den Taschenkörper zusammennähen: Dafür das Seitenteil mit Vorder- und Rückteil zusammennähen. Das Gleiche mit dem Innenfutter ausführen.

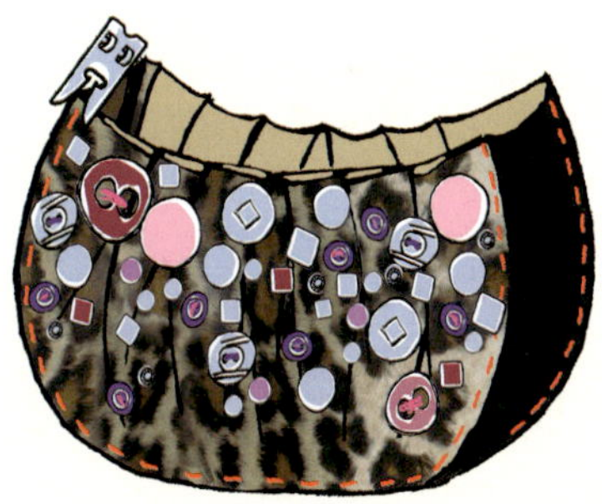

6 Die Seitennaht von rechts noch einmal absteppen, dann legt sie sich besser.

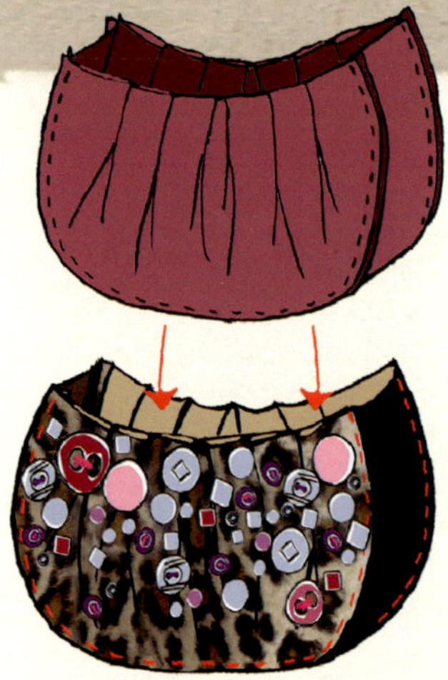

7 Das Futterteil in die Außentasche einsetzen.

8 Die obere Abschlussblende D aus Samt rechts auf rechts an die obere Kante von Vorder- und Rückteil nähen.

9 Nach innen umklappen und noch einmal von rechts gegensteppen.

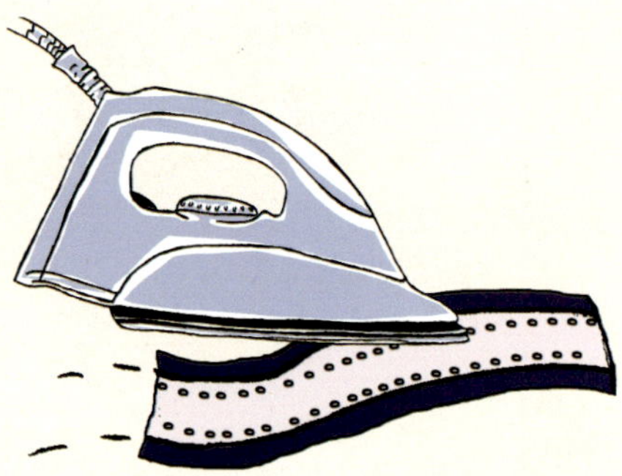

10 Den Henkel auf Bundfix bügeln. Achtung! Das Schnittteil ist breiter als die Bundfix-Unterlage.

11 Den Henkel an der Schmalseite zu einem Ring zusammennähen und an den Perforierungen nach innen einfalten.

Übrigens

Teurer Pelz

1978 ging ein russischer 150 000-Dollar-Luchs, der teuerste Pelz, der je im Neiman-Marcus-Katalog angeboten wurde, an eine exzentrische 72-Jährige in Rhode Island. Die Kundin verfügte testamentarisch, dass sie in diesem Mantel auch beerdigt werden wolle.

12 Den Henkel in der Länge gleichmäßig feststecken und festnähen.

13 Die restlichen Knöpfe am oberen Rand festnähen.

14 Fertig.

Betty Bamboo

Werkzeug

Nähmaschine
Stoffschere
Handnähnadel
Stecknadeln
Schneiderkreide

Material

(Stoffbreite 140 cm)
zweifarbiger Filz, 90 cm
Band in Rosa,
3,5 cm x 250 cm
Band in Magenta,
2,5 cm x 250 cm
2 Bambushenkel
Nähgarn

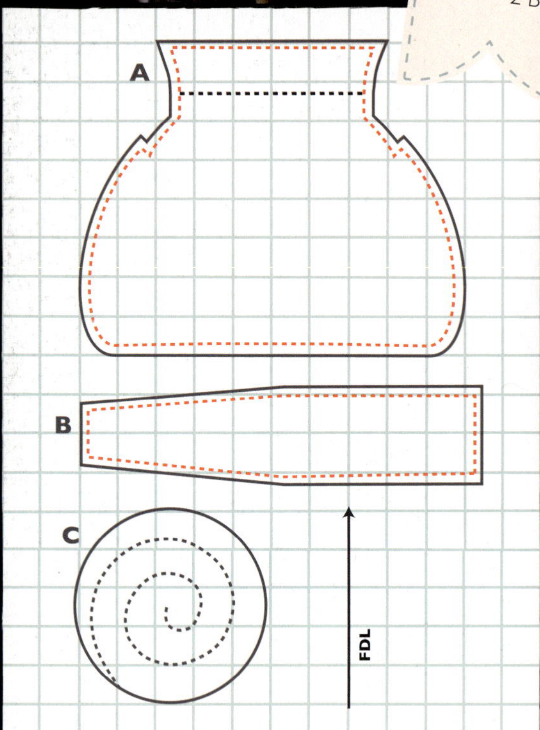

(1 Kästchen = 5 cm x 5 cm)

Der Schnitt

A Hauptteil	2x zweifarbiger Filz
B Seitenteil/Boden	2x zweifarbiger Filz
C Blume	1x zweifarbiger Filz

Betty Bamboo

Das extrem widerstandsfähige Material, nämlich der Bambus, dient hier als Taschenhenkel. Seine Herkunft ist zwar der asiatische Raum, was uns aber nicht daran gehindert hat, ihm ein winterliches Kleid aus kuscheliger Walkwolle zu verpassen. So wird dieses Modell ein Spiel der Kontraste. Statt Bambushenkel können Sie auch Ringhenkel wie auf S. 34 selber machen.

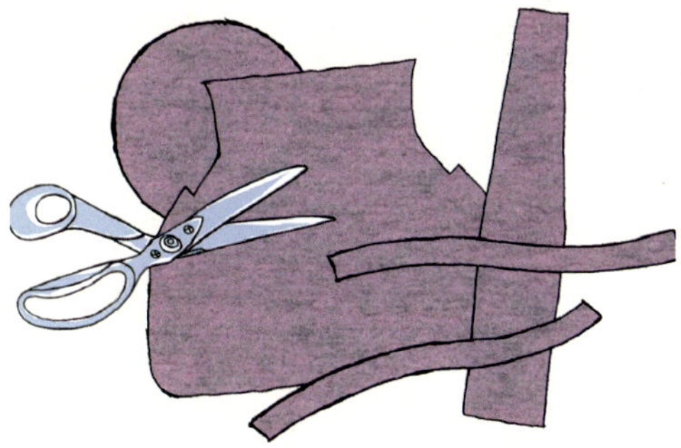

1 Vergrößern und übertragen Sie alle Schnittteile und schneiden Sie diese wie angegeben zu.

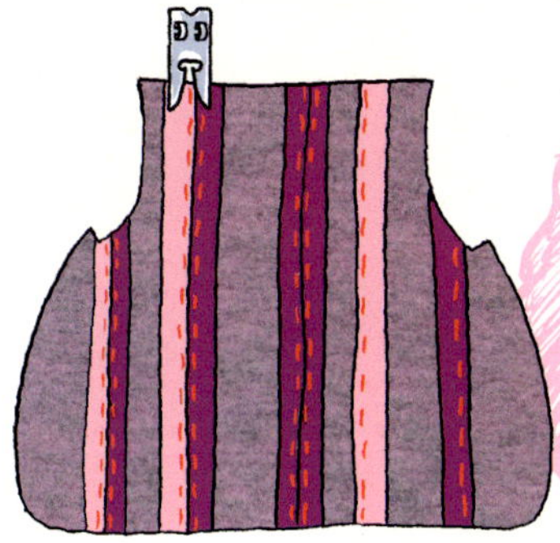

2 Die Bänder im beliebigen Abstand auf das Vorderteil der Tasche applizieren.

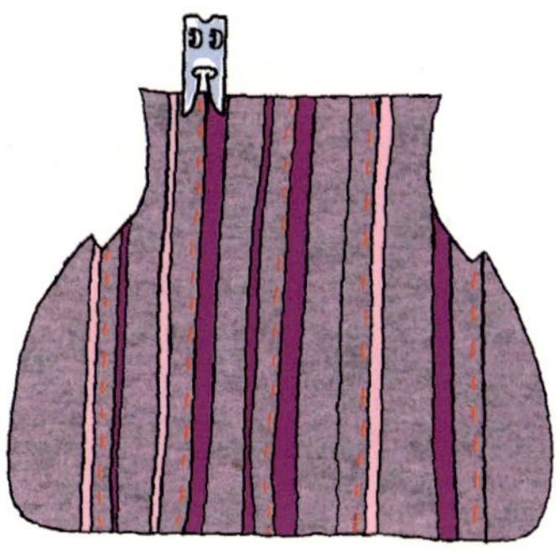

3 Für mehr Relief zusätzlich aus den Resten des Filzes Streifen zuschneiden und applizieren.

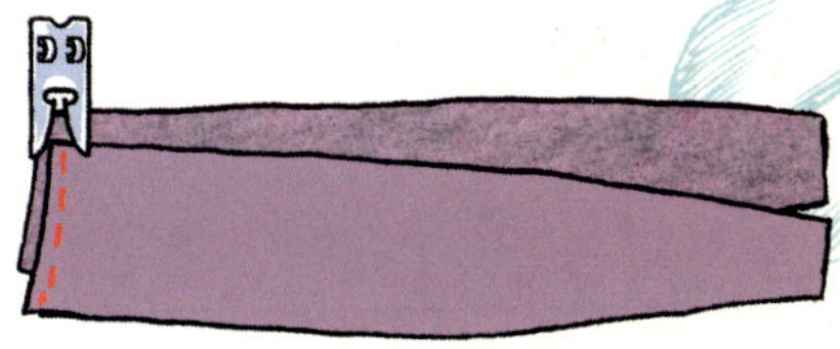

4 Den Boden der Tasche zusammennähen.

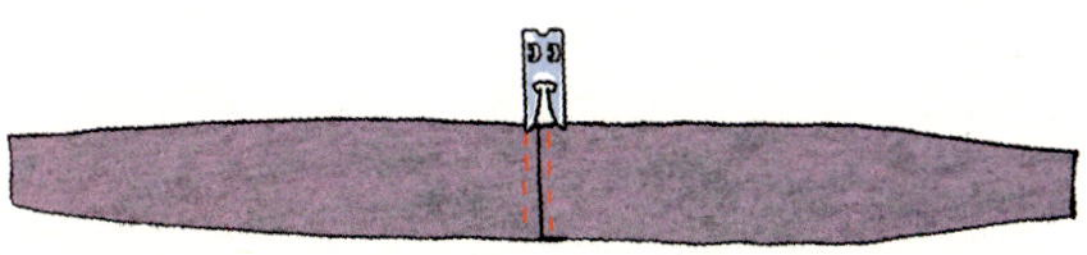

5 Anschließend auf der rechten Seite gegensteppen.

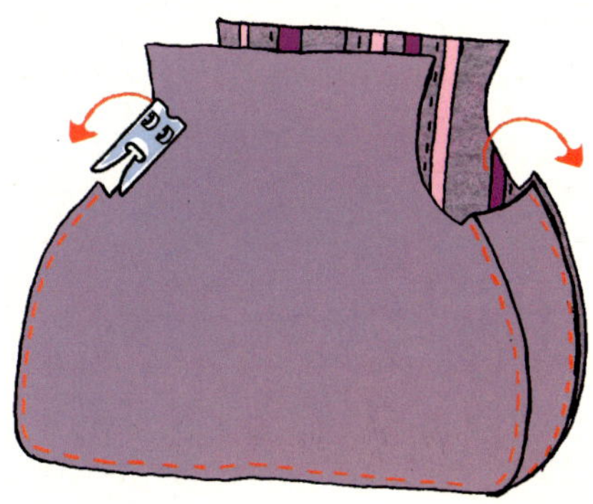

6 Den Boden mit Vorder- und Rückteil zusammennähen.

7 Die Tasche wenden. Die seitlichen Nähte von rechts auf dem entstandenen Körper der Tasche gegensteppen.

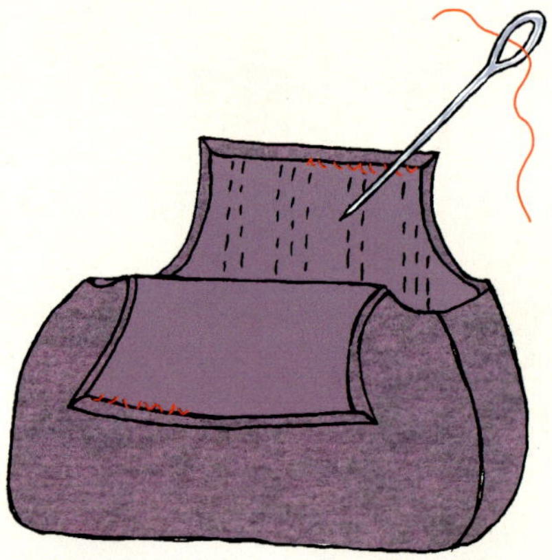

8 Die Nahtzugaben am oberen Teil der Tasche nach innen einklappen und von Hand festnähen.

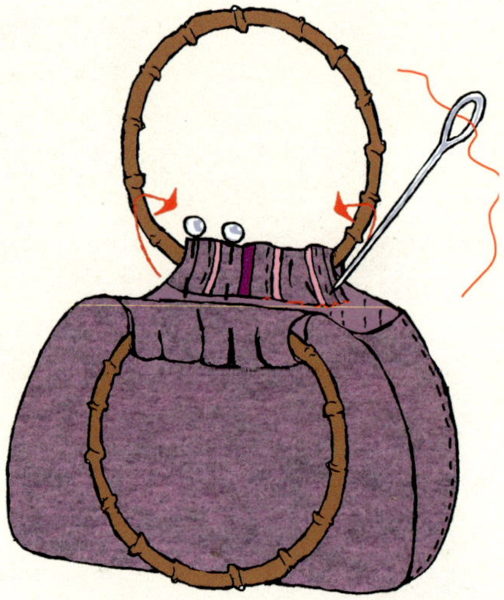

9 Den oberen Abschluss nun um die Bambushenkel legen und von innen nochmals einklappen. Mit der Hand festnähen.

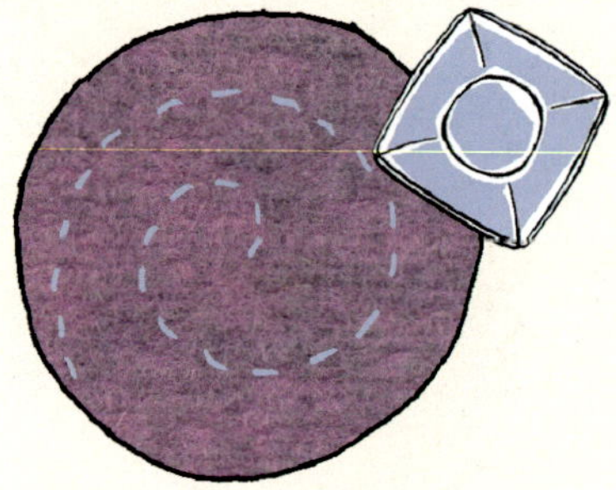

10 Das Schnittteil für die Blume mit der Schneiderkreide wie angegeben markieren.

Tipp

Tolle Bambushenkel gibt es bei www.frautulpe.de.
Aber: Anstelle von fertigen Bambushenkeln können Sie die Taschengriffe auch wie bei der *Happy Henkel* (Seite 34) selber machen.

Tipp

Die tollen Bänder und Borten von diesem Modell sind von Frieba. Eine Bestellung lohnt sich bei einer größeren Abnahme.

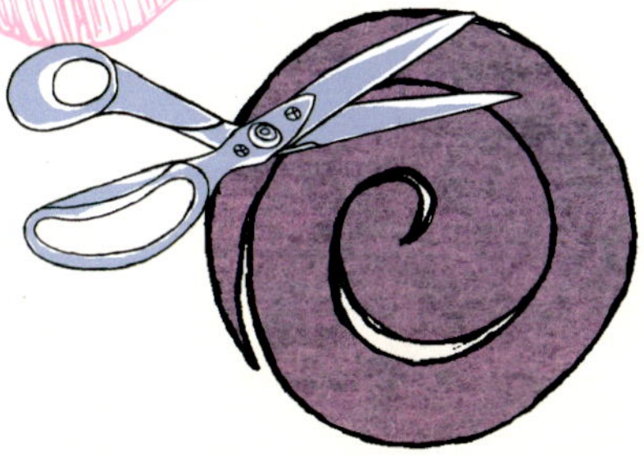

11 Auf der markierten Linie schneiden.

12 Den Stoff um den Henkel zu einer Blume ineinanderschlingen und von Hand festnähen.

13 Fertig.

Die kordelhafte Welt der Rosalie

Werkzeug
Nähmaschine
Stoffschere
Handnähnadel
Stecknadel

Material
(Stoffbreite 140 cm)
Leinenstoff in Beige, 40 cm
Futterstoff in Schwarz, 40 cm
Lederimitat in Beige, 10 cm
Stoff mit Motiven, 20 cm
Kordel in Beige, 180 cm
Reste aus Lederimitat und Filz
Nähgarn

Schablonen
Seite 123

Die kordelhafte Welt der Rosalie

Kitsch-Liebhaber aufgepasst, denn Retro-Blumen sind wieder in! Und am liebsten englische Rosen im Stil der Tapetenmuster im English-Cottage-Look. Die Muster dürfte jeder von Omas Sofa oder Vorhängen kennen, diese Blumenmuster in schlichten Erdtönen auf schwerem Stoff. Stattet man ein komplettes Wohnzimmer damit aus, kann das leicht erdrückend wirken. Doch wie hier dezent appliziert in Kombination mit Leder- und Filzblättern, werden die Rosen zum modischen Hingucker.

Der Schnitt

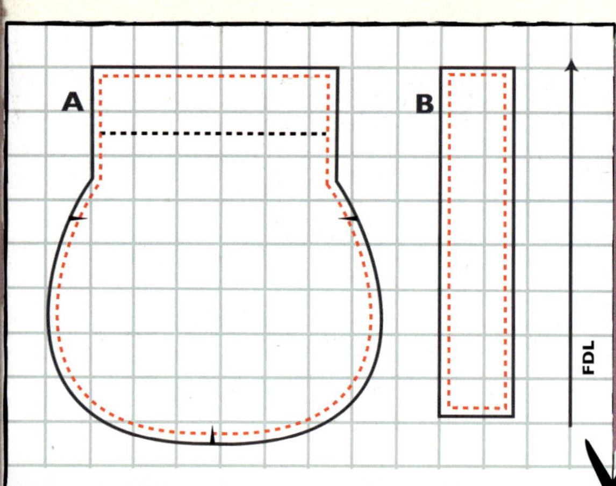

(1 Kästchen = 5 cm x 5 cm)

A Hauptteil	2x Leinenstoff in Beige, 2x Futterstoff
B Seitenteil/Boden	2x Leinenstoff in Beige, 2x Futterstoff

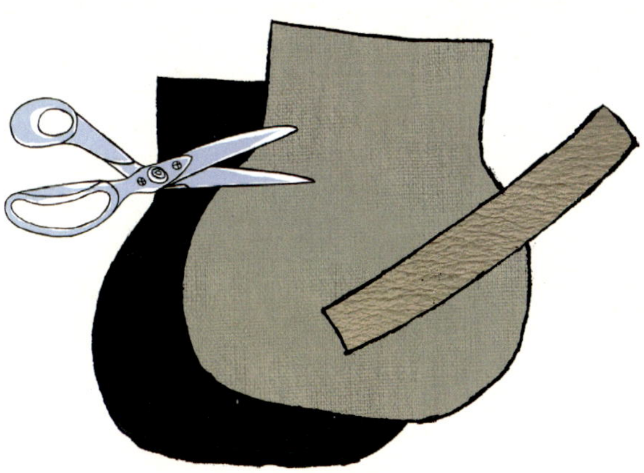

1 Vergrößern und übertragen Sie alle Schnittteile und schneiden Sie diese wie angegeben zu.

2 Schneiden Sie aus dem Motivstoff Rosen für Applikationen aus und legen Sie diese auf das Vorderteil. Aus Leder- und Filzresten können Sie weitere Applikationen (siehe auch Schablonen auf Seite 123) zuschneiden und collagenartig auf der Tasche arrangieren.

3 Die Applikationen mit passendem Garn und Zickzackstich aufsteppen.

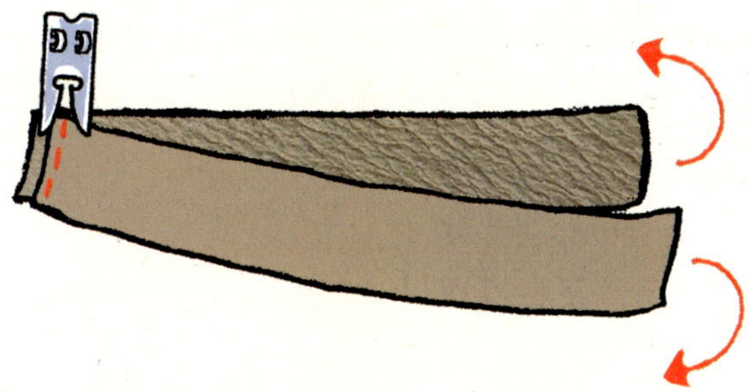

4 Das Bodenstück aus den Teilen B in der Mitte zusammennähen. Ebenso auch den Boden aus Futterstoff zusammennähen.

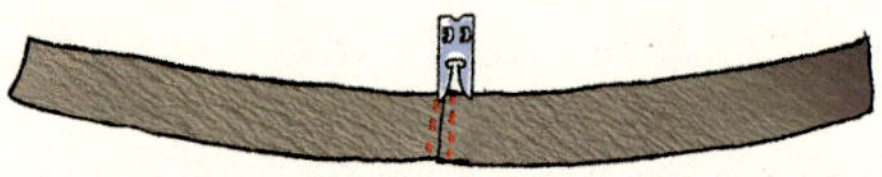

5 Steppen Sie den Boden auf der rechten Seite nochmals ab und verfahren Sie genauso mit dem Futterboden.

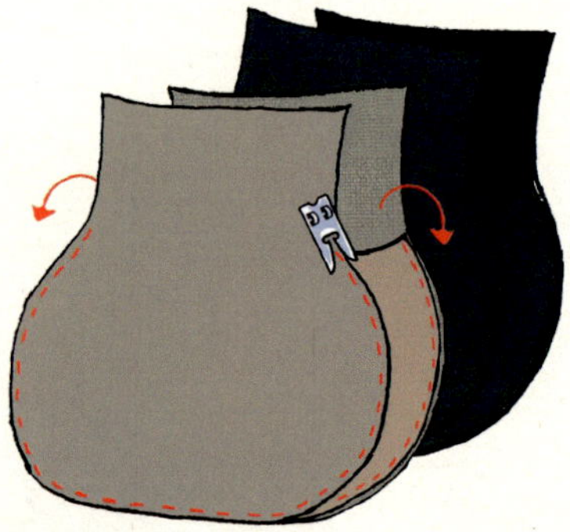

6 Das Bodenstück mit Vorder- und Rückteil der Tasche zusammennähen. Ebenso mit dem Futterstoff verfahren.

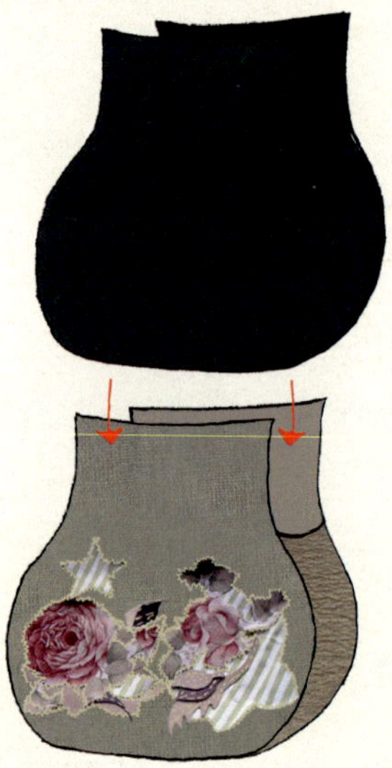

7 Anschließend Futtertasche und Außentasche ineinanderstecken.

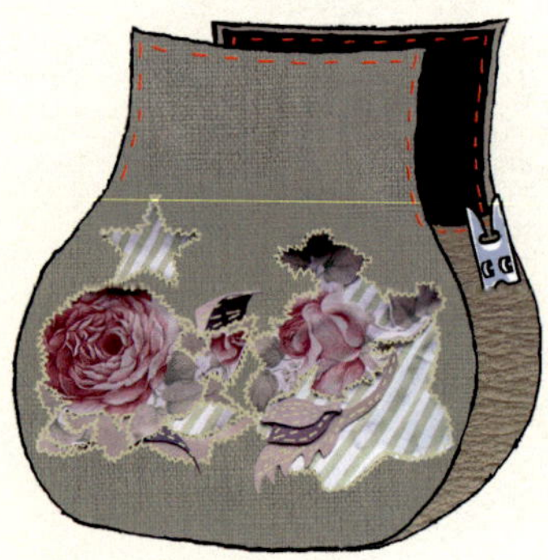

8 Die Nahtzugaben von Außen- und Futtertasche im oberen Bereich einschlagen und rechts auf rechts gegeneinander steppen.

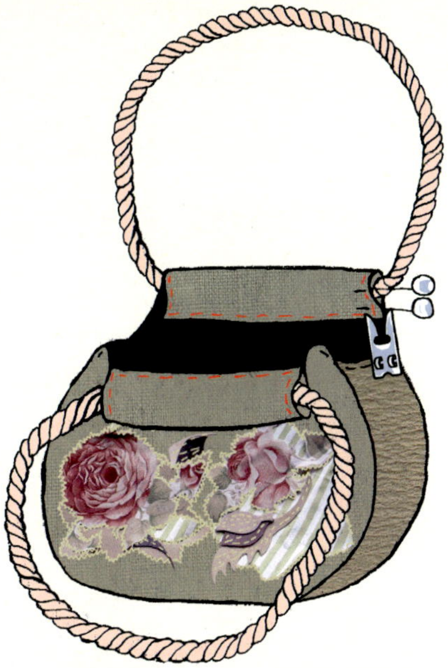

9 Die beiden Enden der Kordel miteinander vernähen. Den oberen Rand der Tasche über die Kordel nach innen schlagen und festnähen.

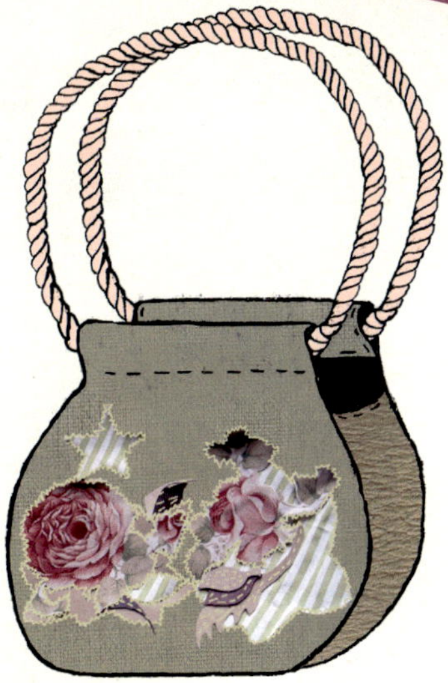

10 Fertig.

Übrigens

Ur-Handtasche

Die erste Handtasche wurde zu Beginn des 18. Jahrhunderts entwickelt. Vorher verstauten die Damen ihre Münzen und Kosmetikartikel in kleinen Taschen, die in ihre weiten Röcke eingenäht waren. Alternativ gab es Beutel, die den Damen am Taillenband festgenäht wurden. So hatte man seine wertvollen Utensilien immer nahe bei sich. Vor diesem Hintergrund ist es kein Wunder, dass wir modernen Frauen noch immer befürchten, jemand könnte uns in die Handtasche greifen.

Zipper-Pochette

Werkzeug
Nähmaschine
Stoffschere
Handnähnadel
Stecknadeln

Material
(Stoffbreite 140 cm)
Lederimitat, 35 cm
Reißverschluss, 80 cm
Reißverschluss, 25 cm
Band in Rot, 1,5 cm x 20 cm
Armreif
Nähgarn

Der Schnitt

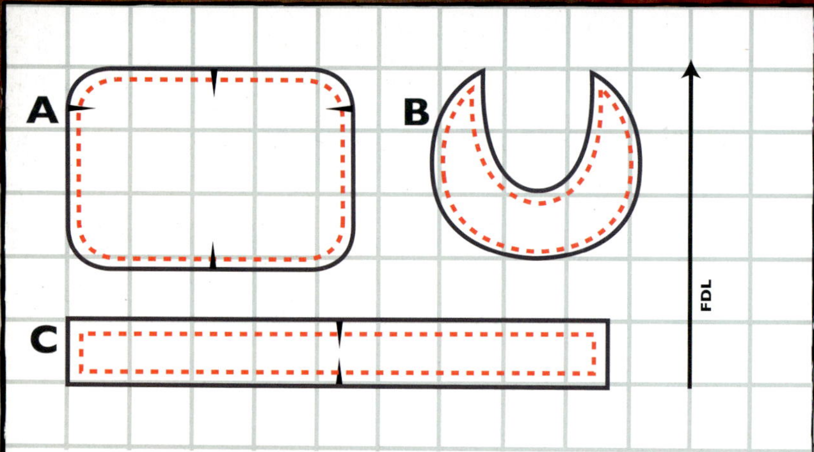

(1 Kästchen = 5 cm x 5 cm)

A Hauptteil	2x Lederimitat
B Volant	4x Lederimitat
C Seitenteil/Boden	1x Lederimitat

Zipper-Pochette

Die *Zipper-Pochette* ist ein typisches Kind ihrer Zeit. Vermeintliche Gegensätze verschmelzen zu einem neuen Look: feminin, aber doch irgendwie rockig. Mit dem praktischen Armreif kann man die kleine City-Begleiterin elegant ums Handgelenk tragen, hat Handfreiheit, und die Aufmerksamkeit der Sitznachbarin im Lieblings-Café ist gesichert.

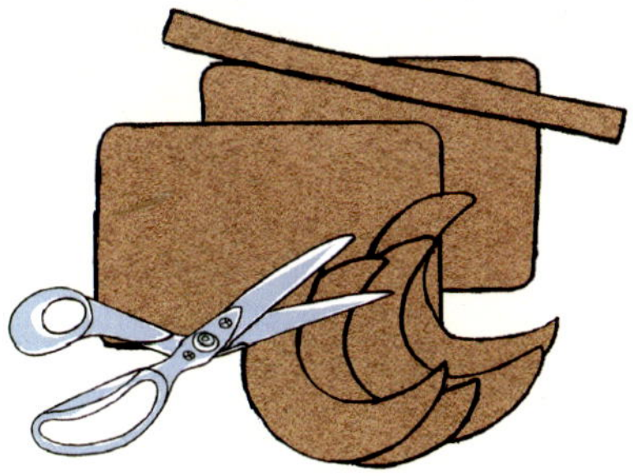

1 Vergrößern und übertragen Sie alle Schnittteile und schneiden Sie diese wie angegeben zu. Übertragen Sie auch die Markierungen.

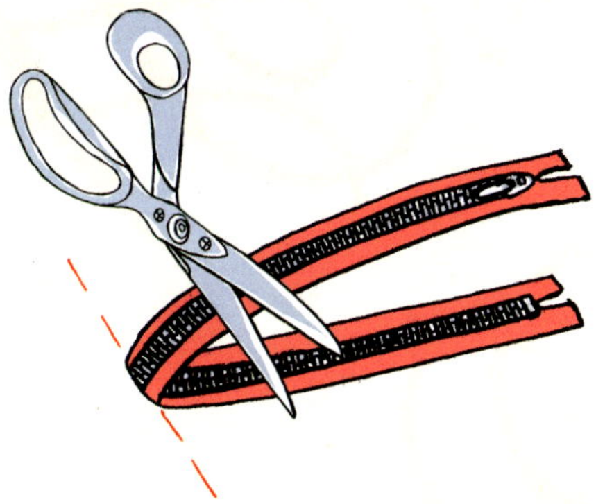

2 Den langen Reißverschluss (80 cm) in der Mitte durchschneiden und die Teile auseinander ziehen.

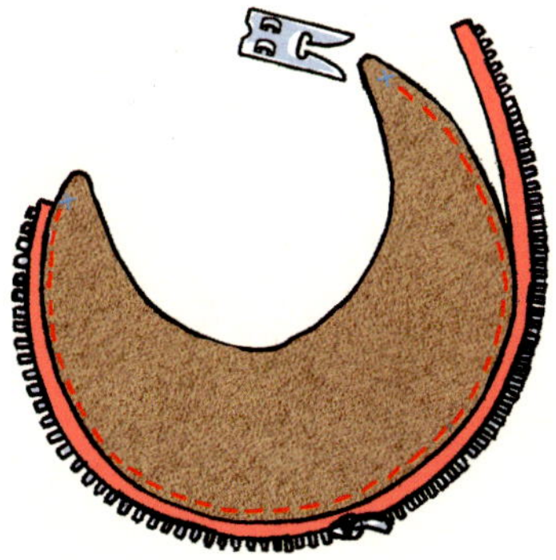

3 Jeweils einen der Volants auf ein Reißverschlussteil aus Schritt 2 legen und von außen annähen. Ebenso mit den restlichen drei Reißverschlussteilen und Volants verfahren.

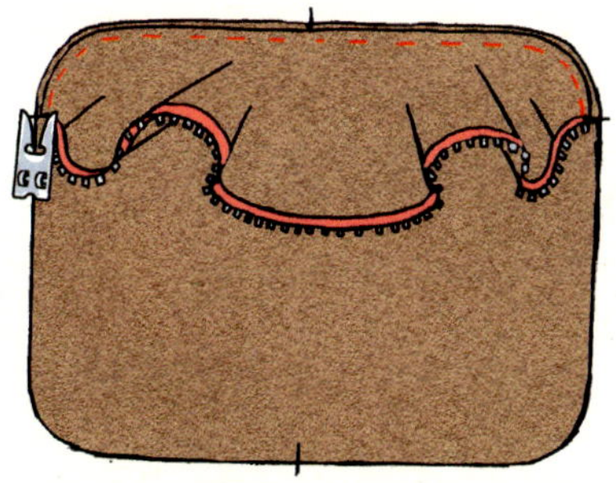

4 Den ersten Volant auf die Tasche nähen: Die rechte Seite der Tasche liegt oben, der Volant wird an der linken und rechten Markierung des Reißverschlusses angelegt und festgenäht.

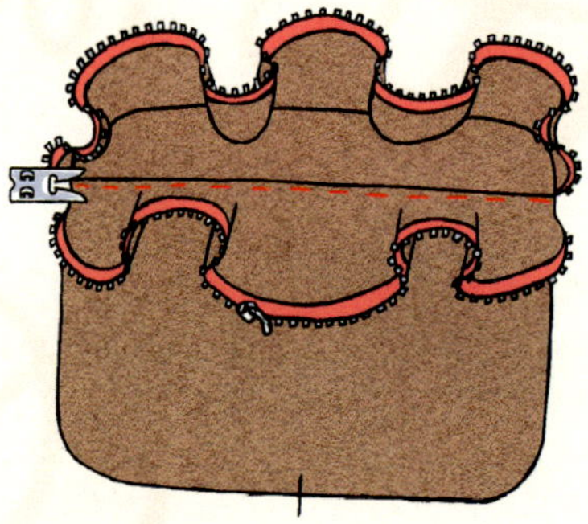

5 Den zweiten Volant auf die Tasche nähen: Dafür den ersten Volant hochschlagen und in einem Abstand von 1,5 cm den zweiten Volant feststecken und annähen.

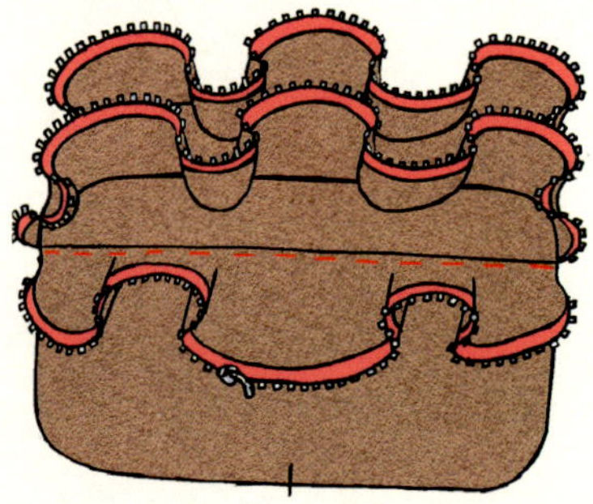

6 Den dritten Volant auf die Tasche nähen.

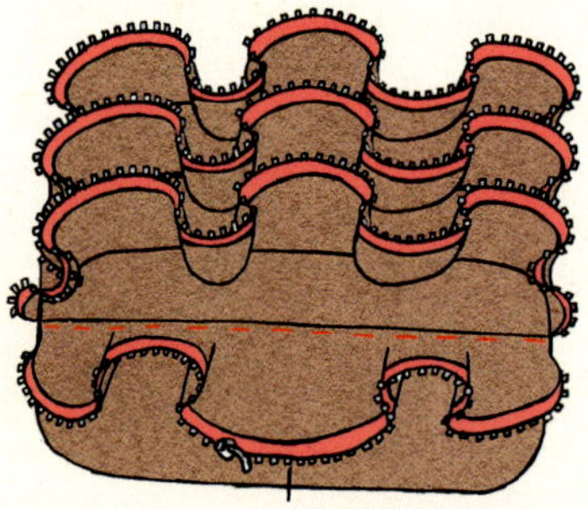

7 Den vierten Volant auf die Tasche nähen.

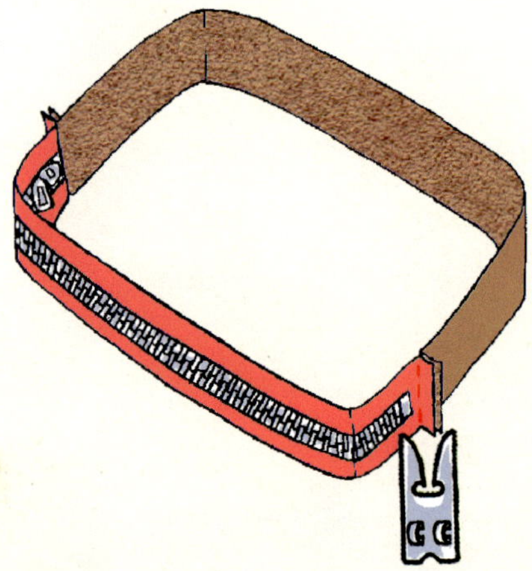

8 Den kurzen Reißverschluss rechts auf rechts mit dem Seitenteil zusammennähen.

Tipp

Falls Sie gerade keinen Armreif haben, den Sie aus Ihrer Schmuckkiste ausrangieren möchten, haben wir eine Alternative für Sie: Die große Schlaufe (Schritt 10) einfach etwas länger lassen, so dass Sie Ihre Hand gut durchführen können.

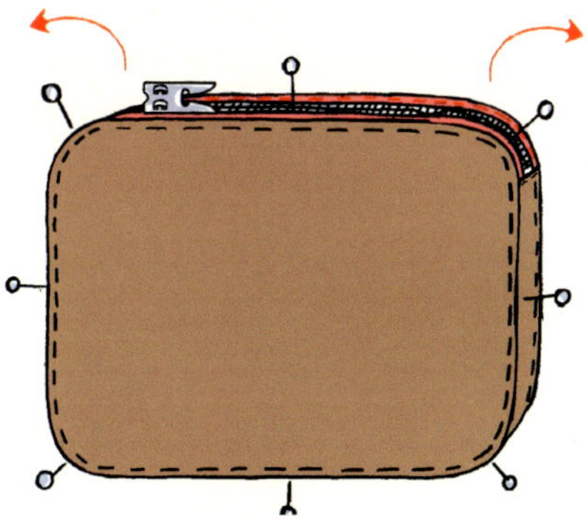

9 Das Seitenteil mit Vorder- und Rückteil zusammennähen, dabei die Markierungen beachten.

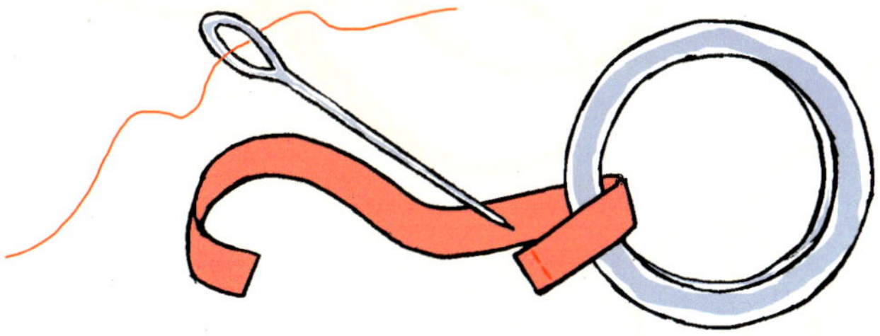

10 Das rote Band um den Armreif legen und von Hand eine kleine Schlaufe zusammennähen.

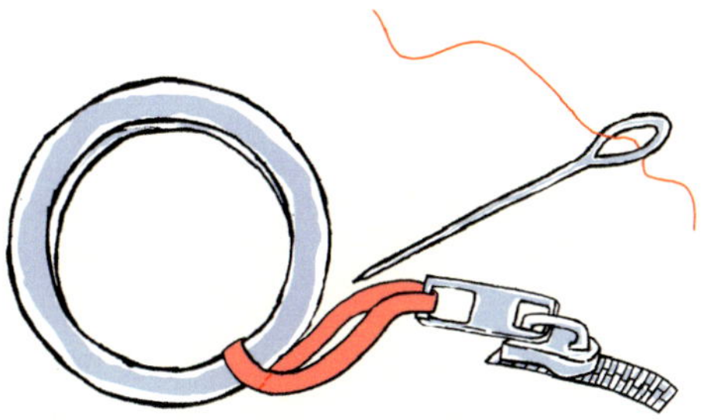

11 Das offene Ende des Bands durch den Reißverschluss ziehen und an der Schlaufe festnähen.

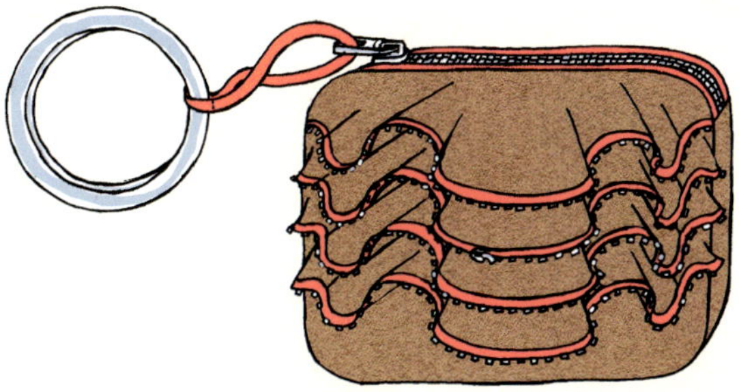

12 Fertig.

Rollmäppchen Marita

Werkzeug
Nähmaschine
Stoffschere
Stecknadel
Bügeleisen

Material
(Stoffbreite 140 cm)
Velours in Türkis, 17 cm
abwaschbarer Stoff in Türkis, 25 cm
Stoff mit Jacquardmuster, 25 cm
Watteline, 25 cm
Borte in Gold, 1 cm x 45 cm
Ripsband in Pink, 1,5 cm x 60 cm
Nähgarn

Der Schnitt

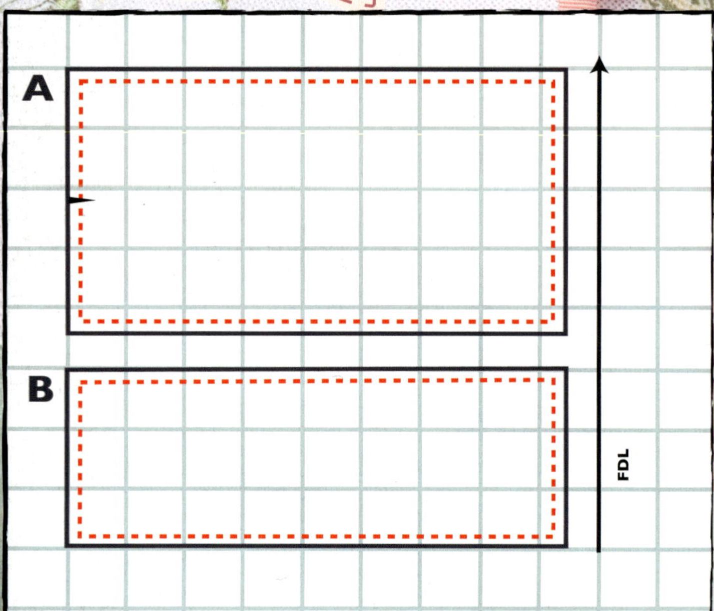

(1 Kästchen = 5 cm x 5 cm)

A	Hauptteil	1x Stoff mit Jacquardmuster, 1x abwaschbarer Stoff, 1x Watteline
B	Innenfach	1x Velours in Türkis

Rollmäppchen Marita

Marita ist ein stylisches Behältnis für die durchorganisierte *Fashionista*, die alle ihre Beauty-Utensilien übersichtlich zur Hand haben möchte. Wenn Marita unschuldig zusammengerollt vor einem liegt, ahnt man noch nicht, was in ihr steckt. Doch wenn einmal die Schleife gelupft ist, öffnet sich der Blick auf wohl sortierte Rouge-Pinsel, Mascara, Kajal und Lipgloss, die ansonsten wild im Kosmetikbeutel umherpurzeln würden.

1 Vergrößern und übertragen Sie alle Schnittteile und schneiden Sie diese wie angegeben zu.

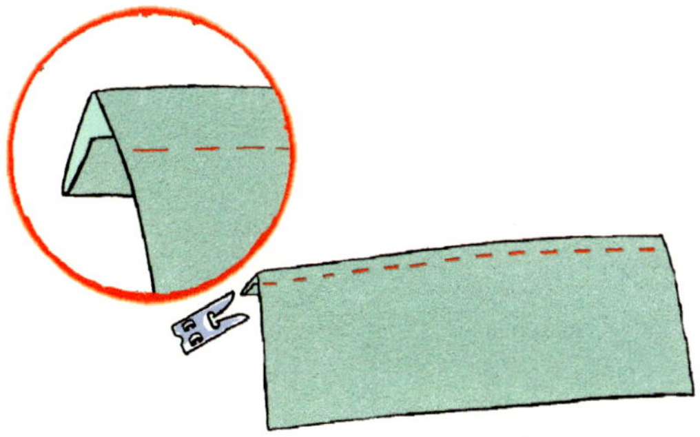

2 Schnittteil B, das später als Innenfach dient, an der oberen Kante zweimal 1 cm umschlagen und festnähen.

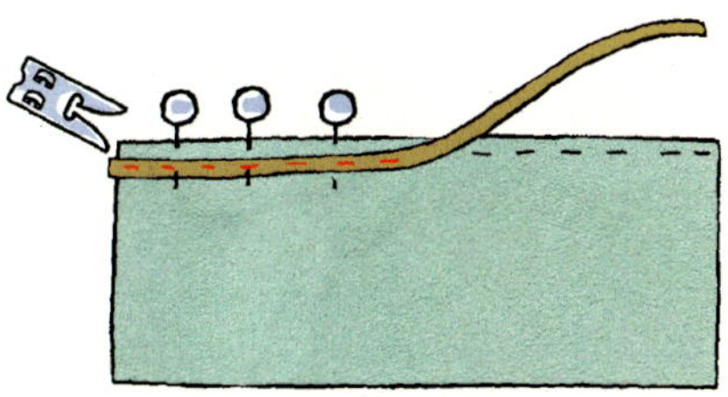

3 Die goldene Borte an die obere Kante der rechten Seite von Schnittteil B stecken und festnähen.

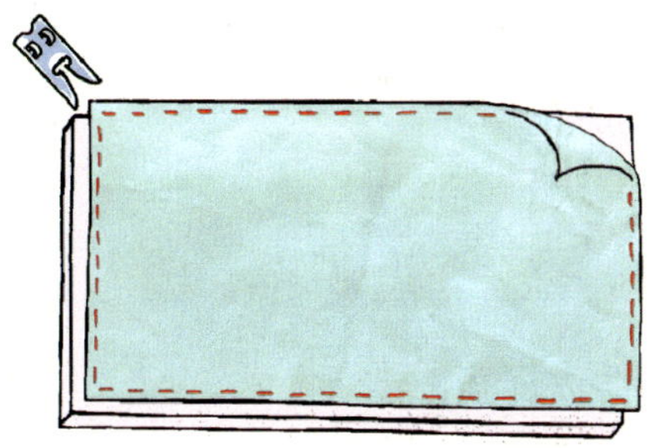

4 Den abwaschbaren Stoff A mit der Watteline knappkantig zusammennähen.

Übrigens

Rollmäppchen Marita eignet sich außerdem auch großartig als Stiftetui für die kreativen unter Ihnen, die ihr Sketchbuch mit sich führen.

Tipp

Unterfaden passend zum Stoff wählen.

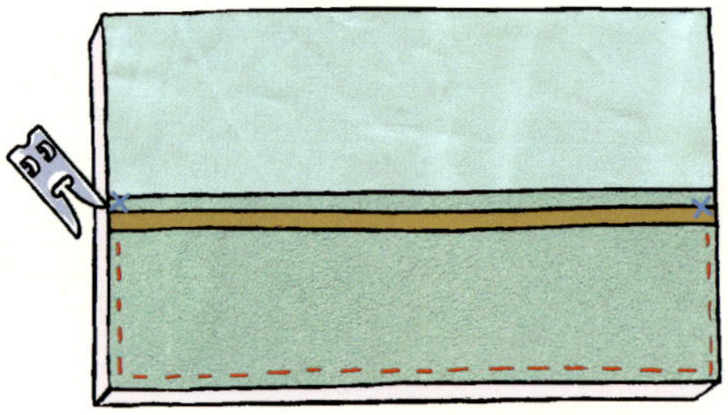

5 Das Innenfach B nun an die untere Kante des Hauptteils A anlegen und festnähen.

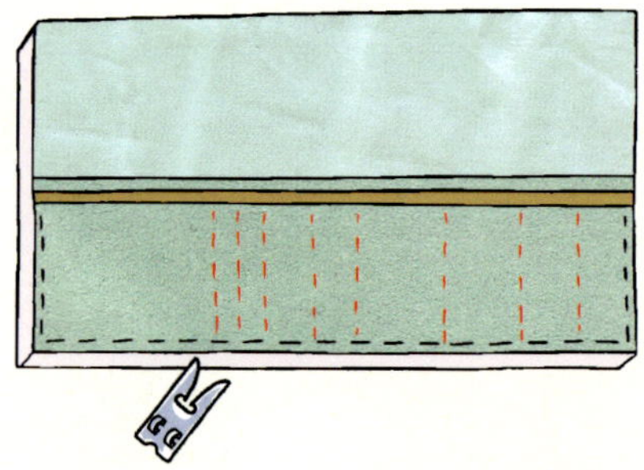

6 Auf dem Innenfach B nun einzelne Fächer absteppen, dabei eine Mindestbreite von 2 cm einhalten. Die Absteppungen sollten nur bis zur Borte reichen, da die Öffnungen sonst zu stramm werden.

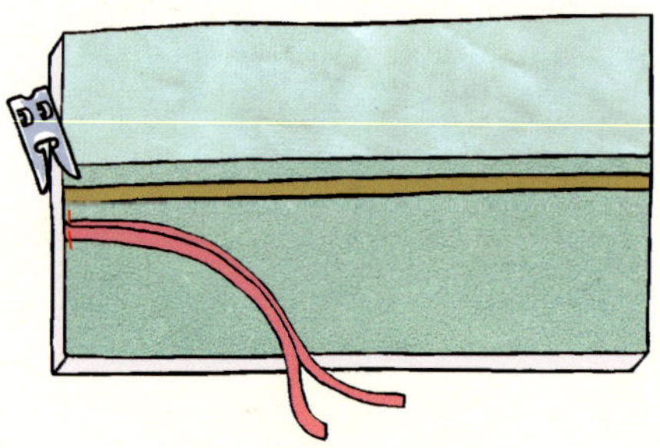

7 Das Ripsband mittig falten und knappkantig an die rechte Seite annähen.

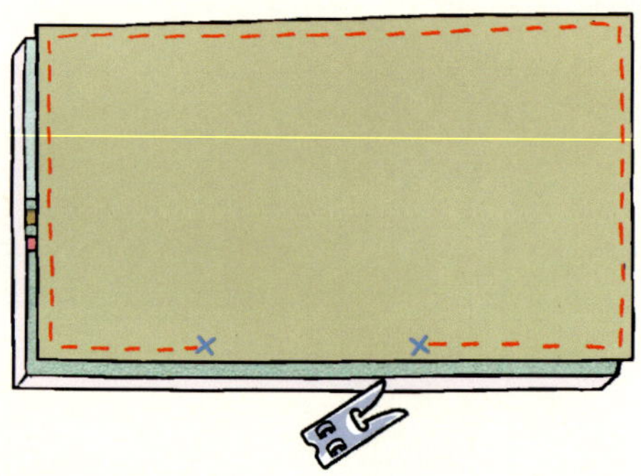

8 Die fertige Innenseite des Mäppchens rechts auf rechts auf den Stoff mit Jacquardmuster nähen, dabei in der unteren Mitte eine ca. 8 cm große Öffnung lassen. Das Ripsband liegt hier zwischen den Schnittteilen. Das ganze Mäppchen durch die Öffnung auf rechts wenden.

Übrigens

Die Anleitung zur passenden Handtasche im Kelly-Bag-Look ist als Gratis-Download verfügbar (siehe Anhang S.155).

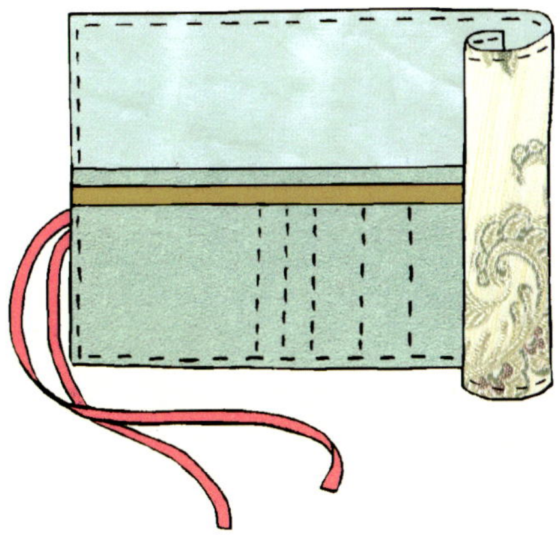

9 Die Öffnung mit Stecknadeln fixieren und das ganze Mäppchen ringsum absteppen, dabei die Öffnung schließen.

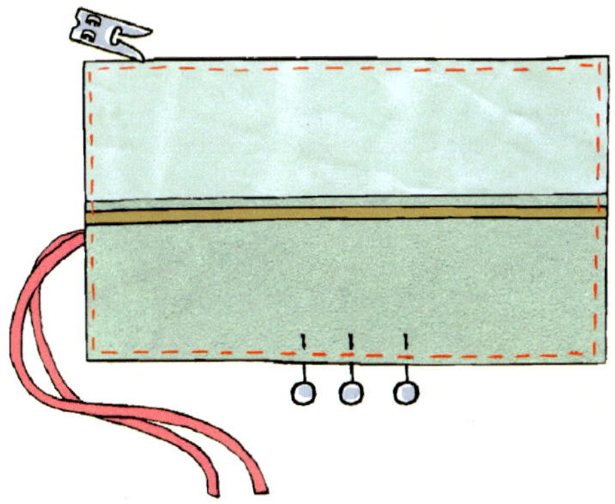

10 Das Mäppchen bei geringer Hitze bügeln. Fertig.

INTERVIEW

mit Rose Beck

Rose Beck
Eisteichgasse 3
A-2345 Brunn am Gebirge
www.rosebeck.at
office@rosebeck.at

Rose Beck hat nicht nur einen schönen Namen, sondern entwirft außergewöhnlich elegante Taschen aus hochwertigen Materialien. Das Design besticht durch ungewöhnlich kreative Schnittführung. Jede Tasche für sich wirkt daher wie eine tragbare Skulptur, die sich über jegliche Modetrends hinwegsetzt. Die Designerin kam durch ihre Ausbildung, die Liebe zum Material und die Freude am Gestalten von räumlichen Alltagsgegenständen zum Handtaschendesign. Ihre Handtaschen-Kollektion findet man in ausgewählten Nobelboutiquen weltweit. Sie liegen preislich zwischen 200 und 700€.

Ihre Taschenmodelle und Materialbearbeitungen sind sehr speziell. Wo sammeln Sie Inspiration?
Ich sammle Eindrücke auf Trendshows und versuche dann Eigenes daraus zu entwickeln. Diese Entwicklungen sollen sich von Massenprodukten unterscheiden und doch tragbar und anspruchsvoll sein.

Wie entstehen Ihre Entwürfe und die Tasche als Endprodukt? Wie entsteht eine typische Rose-Beck-Handtasche?
Ich entwerfe am Papier, bestimme die Größe und mache aus Kunstleder einen groben Prototyp, um die Proportionen zu prüfen. Anschließend gebe ich dies weiter an die Produktion, die dafür Schablonen anfertigt. Diese kontrollieren wir gemeinsam, nehmen eventuelle Änderungen vor und anschließend wird daraus die erste Mustertasche gefertigt. Im Idealfall passt diese.

Wo kann man Ihre Kostbarkeiten live betrachten?
In Lederwarengeschäften und Boutiquen in Österreich, Belgien, Japan, Hongkong, Dubai …

Zeigen Sie uns Ihr Lieblingsstück aus Ihrer aktuellen Kollektion?
Ja, es ist das Modell *berlin* (oben rechts).

Ihre Taschen sind sehr hochwertig verarbeitet. Verraten Sie uns, ob Sie in eigener Herstellung entstanden sind oder arbeiten Sie auch mit ausländischen Produzenten zusammen?
Die Taschen werden immer in einer professionellen Produktion gefertigt.

Erzählen Sie uns bitte etwas zu Ihren Erfahrungen mit ausländischen Produzenten. Können Sie uns von Vor- oder Nachteilen berichten?
Die Vorteile sind: größere, professionellere Werkstätten als in Österreich. Materialien wie Leder und Accessoires sind leichter kurzfristig zu organisieren. Sie haben gute, fachmännische Mitarbeiter. Nachteile sind: weite Anreise, fremde Sprachen, andere Mentalität, Transportkosten.

Wie sind Ihre Erfahrungen mit den großen internationalen Messen, an denen Sie regelmäßig teilnehmen? Lohnt es sich, in eine dieser Messen ein klei-

nes Vermögen zu investieren, oder beschränkt man sich am Anfang seiner Karriere doch lieber auf kleinere Ausstellungen? Haben Sie da ein paar Tipps für künftige Taschendesigner?

Ich würde jedem empfehlen, klein zu beginnen und Erfahrungen im eigenen Land zu sammeln. Erst wenn dies funktioniert und man die dafür notwendigen Strukturen geschaffen hat, ist es sinnvoll an Messen im Ausland teilzunehmen. Zuerst muss gewährleistet sein, dass man die Aufträge, die man erwartet, auch produzieren kann. Man sollte gut überlegen, ob man die geplante Messe mindestens einige Male nacheinander finanzieren kann, auch wenn sich am Beginn die Aufträge in Grenzen halten. Auf keinen Fall rate ich zu hohen Krediten, die zur Existenzbedrohung werden können.

Zum Schluss würden wir Sie noch bitten, uns eine kleine Anekdote zum Schmunzeln oder Schluchzen über Ihre Erfahrungen mit Messen oder Kunden zu erzählen.

Bei einer Präsentation der neuen Kollektion trug ich privat eine Tasche, die nicht in die Kollektion aufgenommen wurde und somit ein Prototyp war. Diese hatte ich unscheinbar unter dem Tisch platziert. Plötzlich kam ein japanischer Einkäufer, sah sich die Kollektion an und entdeckte schließlich meine versteckte Tasche. Er holte sie hervor und war so begeistert, dass dieses Modell den Hauptteil seiner Bestellung ausmachte. Er hatte Recht. Das Modell entwickelte sich zu einem Bestseller.

Taschen-Kleidchen

Graffiti-Gefreiter

Monster-Anhänger

Pimp My Bag

Von der grauen Taschenmaus zur Fashion-Diva: Sicherlich gibt es noch das eine oder andere Erbstück von Tante Gertrude oder ungewöhnliche Taschenschätzchen auf dem Speicher oder Keller, die zwar schwer aus der Mode gekommen sind, von denen man sich aber trotzdem nicht trennen möchte. Dabei kann man diesen Taschen mit ein paar Handgriffen ein kleines schmerzloses Facelift verpassen und sie in ein neues Zeitalter katapultieren. Wer sich mit Nadel und Faden schwer tut, kann entspannt aufatmen, denn hier steht die Heißklebepistole in Kombination mit Pinsel und Farbe ganz hoch im Kurs.

Lipstick-Anhänger

Fruchtkörbchen

Dornröschens Aufwach-Kit

Stoffbrosche

Dornröschens Aufwach-Kit

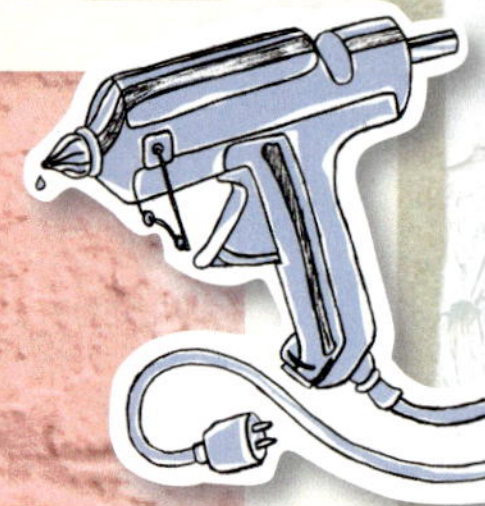

Werkzeug
Heißklebepistole

Material
Tasche mit Clipverschluss
kleine Stoffblumen
Vintage-Knopf

Dornröschens Aufwach-Kit

Kleine Abendtäschchen mit Clipverschluss feiern gerade ein Revival und wirken unerhört weiblich. Das knuffige, kleine Fundstück erinnert an die längst vergangene Epoche der glamourösen Filmdiven mit ihren flammroten Lippen. Tasche und Lippenstift haben das verführerische Klicken beim Öffnen und Schließen gemein. Beide erlitten auch dasselbe Schicksal – das Täschchen wurde von der Clutch, der Lippenstift vom Lipgloss verdrängt. Um diese Ode an die Weiblichkeit zu feiern, setzen wir hier auf Übertreibung: Mit so vielen Blumen dekoriert, ist die Tasche ein Hingucker am zarten Arm der Trägerin.

.

vorher

Stoffblumen

1 Zunächst die Tasche fest ausstopfen.

2 Die Stoffblümchen mit der Heißklebepistole einzeln aufkleben.

3 Den Vintage-Knopf auf dem Clip ankleben.

4 Alles gut trocknen lassen. Fertig.

Taschen-Kleidchen

voilà

Werkzeug
Nähmaschine
Stoffschere
Klebestift

Material
alte Tasche
1-2 Packungen Fotostoff
(siehe Tipp)
langer Riemen
Nähgarn

Taschen-Kleidchen

Eine alte Tasche, deren Form Ihnen gefällt, aber deren Optik nicht mehr zusagt, erstrahlt in neuem Glanz, indem man ihr einfach ein neues Kleidchen auf den Leib schneidert. Der gemusterte Stoff Ihrer Wahl sollte etwas größer sein als das Original, um Nahtzugaben einschlagen zu können.

1 Den Taschenkörper ausmessen und die Maße auf Schnittpapier übertragen. Oder einfach die Tasche auf das Papier auflegen und die Außenform mit Bleistift nachfahren.

2 Den Schnitt auf Stoff übertragen und ringsum 1 cm Nahtzugabe zugeben. Die obere Kante sollte etwas mehr Nahtzugabe zum Einschlagen erhalten (ca. 4 cm), damit oben nicht sofort die linke Seite des Stoffes herausblitzt.

3 Die Teile nun ausschneiden und zusammennähen. Zusätzlich kann man für den Henkel rechts und links Schlaufen mit einnähen. Die Schlaufen sollten so positioniert werden, dass sie nach innen liegen, sodass sie beim späteren Umdrehen nach außen zeigen.

4 Die Nahtzugabe an der oberen Kante nach innen auf die linke Seite einschlagen und festnähen. Das neue Taschen-Kleid über die Originaltasche ziehen und mit ein paar Handstichen im Nahtschatten der Seitennähte annähen.

5 Wer mag, kann von einer anderen alten Handtasche einfach noch den langen Riemen abmachen und am neuen Taschen-Kleid befestigen. Fertig.

Anstelle von einem gekauften Stoff haben wir unser eigenes Motiv selbst gedruckt. Ganz einfach das Motiv auswählen oder am Rechner selbst gestalten. Dann bedruckbaren Stoff in A4-Format (erhältlich bei www.Stoffe.de) in den Tintenstrahldrucker legen und ausdrucken. Mehr Infos bei den Gratis-Downloads (siehe Seite 155).

Henkel

vorher

Graffiti-Gefreiter

Werkzeug
Pinsel

Material
alte Armee-Tasche
Acrylfarbe in Weiß
Kreppband
Lackstift in Braun
Klarlack, lösemittelfrei

Graffiti-Gefreiter

So manche teure Designerhandtasche kann nicht ansatzweise mit der handgefertigten Qualität einer unverwüstlichen Tasche der Schweizer Armee mithalten. Einst diente das gute Stück als Munitions- und Patronentasche und heute lässt es sich günstig auf Second-Hand-Märkten ergattern. Eine Prägung am Verschluss verrät die Herkunft und das Baujahr der Taschen, die in Schweizer Manufakturen gefertigt wurden. Wir konnten es dennoch nicht lassen und haben diesem Taschenklassiker im wahrsten Sinne des Wortes einen neuen Anstrich verpasst. Außerdem wollten wir mit ein wenig Farbe und Phantasie auch den Herren der Schöpfung ein Tor in die Taschenwelt öffnen.

1 Zuerst die Tasche entstauben und das Leder mit Kreppband sorgfältig abkleben.

2 Mit weißer Acrylfarbe streichen, gegebenenfalls wiederholen.

3 Das Kreppband entfernen und mit braunem Lackstift große Ornamente aufkritzeln. Zum Schluss die Tasche mit lösemittelfreiem Klarlack versiegeln. Fertig.

Ganz schön sportlich
Wussten Sie, dass man den Obergefreiten wegen des Gradabzeichens (drei schrägen Strichen) auch Adidas-Soldat nennt?

Fruchtkörbchen

Fruchtkörbchen

Es mag ja sein, dass Sie trotz mehrfach angefangener Brigitte-Diät noch nicht Ihre Bikini-Figur erreicht haben. Aber sich deswegen in riesige Pareos verhüllen? Auf keinen Fall! Wir setzen da lieber auf ein gezieltes Ablenkungsmanöver mit dem zuckersüßen, kalorienarmen Früchte-Strandkorb, der Magermodels im Monokini vor Neid erblassen lässt.

1. Die Korbtasche vom Henkel befreien.
2. Den Henkel mit Band umwickeln (siehe Seite 34).
3. Aus Leder oder Kunstleder mithilfe der Schablonen von S. 123 Melonen- und Erdbeerformen ausschneiden. Mit Textilkleber die Strasssteine aufkleben.
4. Die Früchte auf dem Korb platzieren und mit Heißkleber festkleben.
5. Den Taschenrand so mit Band bekleben, dass 1–2 cm Stoff überstehen.
6. Aus dem Band kleine Schlaufen für die Henkel nähen und die Henkel damit von Hand an den Korb nähen.

vorher

Werkzeug
Schere
Heißklebepistole
Textilkleber
Handnähnadel
Schere

Material
alte Korbtasche
Kunstleder
Strasssteine
Band, kariert
Band in Rot
Nähgarn

Picknick-Körbchen

Besonders beliebt ist das Picknick in England. Schon Queen Viktoria speiste gern im Freien. Im 19. Jahrhundert kam dann auch der Picknickkorb in Mode. In den oberen Schichten Englands ist ein Picknick auch heute noch sehr beliebt und teilweise sogar ein gesellschaftliches Ereignis, z. B. Pferderennen in Ascot oder Tennisturnier in Wimbledon.

Stoffbrosche

Werkzeug
Nähmaschine
ggf. Handnähnadel
Heißklebepistole

Material
(Stoffbreite 140 cm)
Stoff, gemustert, 16 cm
Broschenunterteller
Filz in Grün, 6 cm x 12 cm
2 Knöpfe, Ø 1–2 cm
Samtband, 1 cm x 40 cm
Satinband, 1 cm x 40 cm
Nähgarn

Schablonen
Seite 123

Auch ohne Nadel und Faden können Sie Broschen herstellen. Mit der Heißklebepistole können Sie z. B. auch Barbie-Accessoires auf einen Broschenteller kleben und auf der nächsten Vernissage mit einem Hauch von Humor tragen.

Stoffbrosche

Mit opulenten Broschen kann man seine Tasche auch einmal temporär tunen. Diese Brosche eignet sich super für Stofftaschen. Bei Ledertaschen ist es schwieriger durch das Leder zu stechen, ohne es zu beschädigen. Als Basis nehme man einen Broschenteller. Bewaffnet mit Heißklebepistole, Stoff- und Posamentenresten gelingen Ihnen sicher ausgefallene Kreationen.

1 Den Stoffstreifen der Länge nach halbieren und an der offenen Kante mit langen Stichen – von Hand oder mit der Maschine – zusammennähen. Am Anfang und am Ende lange Fäden überstehen lassen.

2 Das Band an den langen Fäden außen zusammenziehen und rüschen.

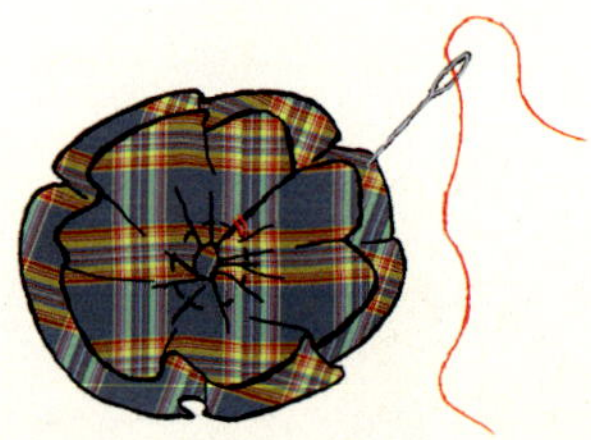

3 Das gerüschte Band zu einer Rosette zusammendrehen und mit ein paar Nadelstichen fixieren.

Broschenteller gibt es bei http://de.dawanda.com/shop/nanicoldine zu kaufen.

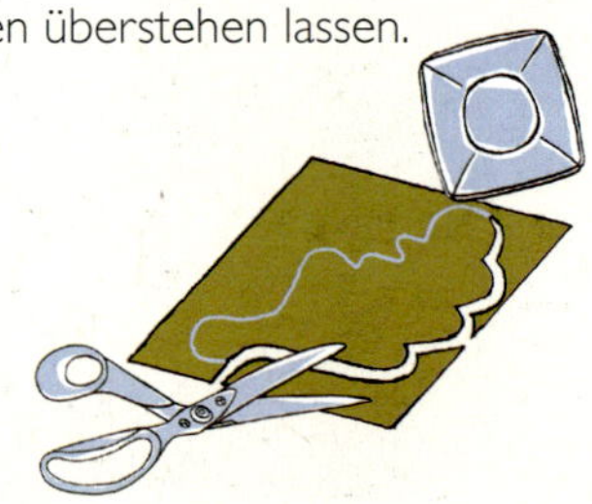

4 Wenn Sie möchten, können Sie mit den Schablonen von Seite 123 Figuren wie das Eichenblatt aus Filz zuschneiden.

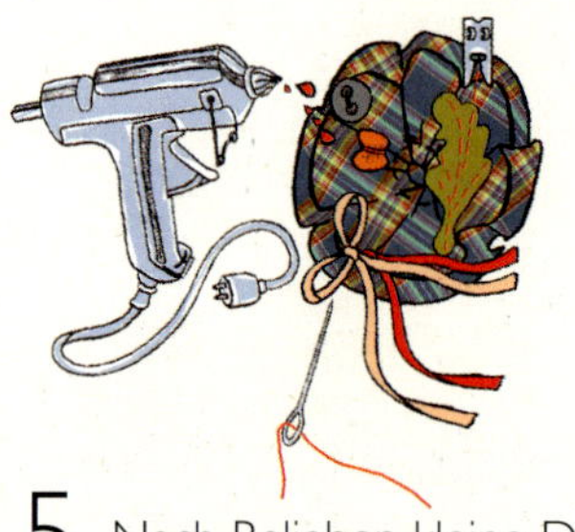

5 Nach Belieben kleine Dekorationen wie Schleifen, Knöpfe und Eichenblatt mit Klebepistole befestigen oder von Hand annähen.

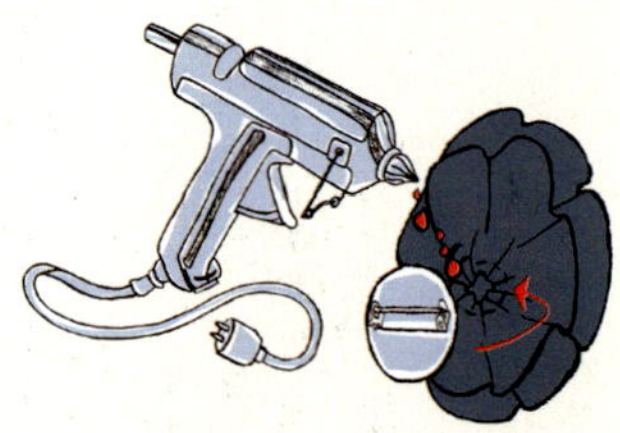

6 Die Rosette mit Heißkleber auf den Broschenunterteller festkleben. Fertig.

Monster-Anhänger

Monster-Anhänger

Verrückt nach Taschen und leicht benebelt vom Konsumrausch, schielt unser Monster schon ein wenig, ist aber dennoch sichtlich glücklich!

Werkzeug
Nähmaschine
Stoffschere
Handnähnadel

Material
Lederimitat in Grün, 20 cm x 10 cm
Baumwolle in Schwarz, 20 cm x 10 cm
Baumwolle in Weiß, 10 cm x 10 cm
Watte, 20 cm x 10 cm
Lackleder in Pink, 3 cm x 3 cm
1 Öse, Ø 1 cm
Kette, 16 cm
Nähgarn

Schablonen
Seite 123

1 Übertragen Sie alle Schnittteile von Seite 123 und schneiden Sie diese aus: Den Basiskreis aus Lederimitat, zwei kleine Kreise aus weißer Baumwolle, das Herz aus Lackleder und alle restlichen Teile aus schwarzer Baumwolle.

2 Kopf und Ohr auf dem grünen Basiskreis festnähen. Für die Augen die schwarzen Pupillen auf den weißen Untergrund legen und von Hand annähen. Mit grobem Garn den Mund zickzackförmig aussticken. Die Sprechblase aufnähen.

3 Das Herz und die einzelnen Buchstaben knappkantig auf die Sprechblase nähen.

4 Die fertige Vorderseite mit der Rückseite zusammennähen, dabei eine kleine Öffnung frei lassen. Die Watte in die Öffnung stopfen und von Hand schließen.

5 Die Öse nach der Anleitung auf der Verpackung einschlagen. Die Kette durchziehen und fertig!

Lipstick-Anhänger

Werkzeug

Nähmaschine
Stoffschere
Klebestift

Material

Lederimitat in Schwarz, 10 cm x 10 cm
Lederimitat in Pink, 5 cm x 5 cm
Lederimitat in Silber, 5 cm x 5 cm
Band, 1 cm x 20 cm
1 Öse, Ø 1 cm
Nähgarn

Schablonen

Seite 123

Lipstick-Anhänger

Nicht nur an unserem Kosmetiktäschchen entfaltet der Lipstick-Anhänger seine Wirkung und setzt auf ultimative Signalwirkung: *Proud to be a woman!*

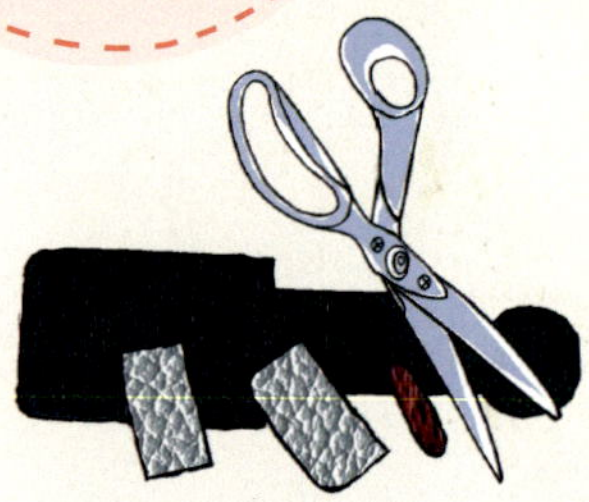

1 Übertragen Sie alle Schnittteile und schneiden Sie diese aus. Zweimal die Lippenstiftform in Schwarz, den Lippenstift, bestehend aus zwei Lederimitatteilen in Pink und kleinen Balken in Silber.

2 Die kleinen, bunten Teile aus Lederimitat auf eine schwarze Lippenstiftform platzieren und mit kleinen Stichen vorsichtig festnähen.

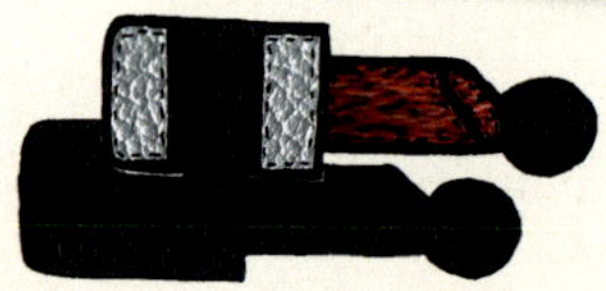

3 Vorder- und Rückseite des Lippenstifts aneinander kleben.

4 Ein kleines Loch für die Öse in den runden Bereich des Anhängers schneiden und die Öse, wie auf der Verpackung beschrieben, kräftig einschlagen.

5 Nun noch ein Band durch die Öse führen und fertig ist der Lippenstift-Anhänger.

Hier finden Sie die Schablonen für die Motive der einzelnen Taschen in Originalgröße. Einfach durchpausen oder bei Bedarf die Vektordateien als Gratis-Download runterladen (siehe Anhang Seite 155).

Viel-Platz-Hirsch

Weekender

Die kordelhafte Welt der Rosalie

Fruchtkörbchen

Stoffbrosche

Monster-Anhänger

Lipstick-Anhänger

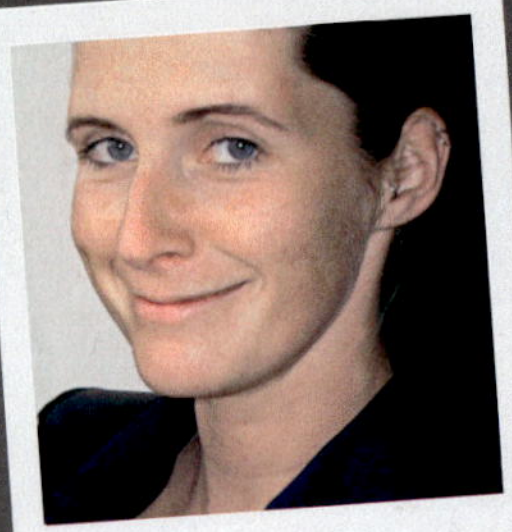

INTERVIEW

mit Sabine Spanheimer von *stulle*

stulle
stulle shop
raumerstr. 34
10437 Berlin
www.stulle-berlin.de
mail@stulle-berlin.de

Berlins Kinder sind die Inspirationsquelle für Sabine Spanheimers Taschenkreationen: unkonventionell, praktisch und humorvoll. Da die abstrakten Applikationen einzeln mit wilden Nähmaschinen-Nähten verziert werden, gleicht keine Tasche genau der anderen. Gegründet wurde das Label mit dem knackigen Namen *stulle* vor sechs Jahren. Die bunten Taschen und Portemonnaies werden von Japan bis Vancouver weltweit verkauft und liegen preislich (Taschen) bei 45 € bis 98 €.

Wann und wie entstand Ihr Wunsch zur Selbstständigkeit?

Mitte 2004 nach jahrelanger Arbeit in Berliner Designbüros wollte ich meine eigenen Gedanken umsetzten. Ich konnte mir einfach nicht vorstellen, ewig festangestellt zu sein.

Wer sind Ihre Kunden?

Designverliebte, sowie moderne, humorvolle Eltern und Großeltern.

Sie haben auch Design studiert? Inwieweit wurden Sie während des Studiums auf die Selbstständigkeit vorbereitet?

Ja, ich habe Grafikdesign studiert. Innerhalb des Studiums gab es aber keinerlei Vorbereitungen bzw. Auklärung darüber, was eine Selbstständigkeit bedeutet.

Ihre *stullen* sind Unikate und entstehen in liebevoller Kleinarbeit in Berlin. Wieso haben Sie sich gegen eine möglicherweise billigere Massenproduktion im Ausland entschieden?

Weil ich so die Produktion besser im Auge habe und negativen Tendenzen in der Herstellung gleich entgegenwirken kann. Fehler, die sich einschleichen, kann ich gleich besprechen. Das Produkt selbst macht es zudem unmöglich, als Massenware umgesetzt zu werden, da es eine Person braucht, die ihre eigene Kreativität mit einfließen lässt. Also wenn eine Näherin ein *stullen*-Design umsetzt, hat sie immer noch die Möglichkeit, Stoffe und Farben selbst zusammenzustellen. Sie muss Spaß daran haben, innerhalb der Designvorgaben noch ein Stück von sich selbst mit einzubringen und kreativ zu sein. Jedes Stück kann nur so ein Einzelstück sein.

Sie verwenden auch Verpackungsreste und Berliner Wohlstandsmüll für Ihre Produkte. Woher bekommen Sie die Materialien für Ihre Kollektion und steckt eine spezielle Philosophie hinter der Auswahl der Materialien?

Ich verwende Sachen und Materialien, die mir direkt auffallen und mich begeistern in Haptik, Farbe oder Muster. Ich bin ein absoluter Flohmarktfan – egal ob in Berlin oder irgendwo in einem bayerischen Dorf, wo mir bei der Durchreise das Schild „Heute Flohmarkt“ begegnet. Aber ich wühle nicht um jeden Preis in Berlins Mülltonnen! Obwohl ich am Anfang tatsächlich in große Container einer LKW-Sattlerei gestiegen bin, um Planenreste herauszuangeln.

Sie verkaufen Ihre Produkte weltweit. Wie gestalten Sie Ihren Vertrieb bzw. Verkauf und welche Rolle spielt das Internet dabei?
Den Vertrieb organisiere ich zusammen mit der Produktion. Über das Internet kommen Anfragen von Händlern, die eine Information zu Preisen und Einkaufsmöglichkeiten per E-Mail bekommen und dann auf einer speziellen Händlerseite im Internet einkaufen können.

Wie auch schon Ihre Kollegen, möchten wir nun auch Sie gerne um eine kurze Geschichte über ein nettes oder weniger nettes Ereignis mit Kunden, Lieferanten und ähnlichen Zeitgenossen bitten.
Kürzlich hat ein Händler auf der Händlerseite im Internet 10 *stullen* (Portemonnaies) bestellt, und zwar nur in Weiß. Ich dachte: „Hm, der ist schlau, die weißen laufen immer am besten, die wird er schnell verkauft haben." Nachdem er seine Lieferung erhalten hatte, rief er mich an und schrie ins Telefon, wieso er nur weiße *stullen* bekommen habe. Ich erklärte wirklich sehr freundlich und zurückhaltend, die Auswahl habe er selbst getroffen, es sei nicht unser Fehler gewesen. Da er es partout nicht einsehen wollte, habe ich ihm Screenshots von seiner Bestellung geschickt, auf denen er eigentlich genau sehen konnte, dass er seine Auswahl einfach nur in der Kategorie weiße *stullen* getroffen hatte. Einen Tag später bekam ich eine Mail, in der er sich beschwerte, was das denn für eine Trulla am Telefon gewesen sei, die hätte er ja schon längst entlassen. Ich dachte nur: „Tja, das geht leider nicht, sonst gibt es demnächst nicht mal mehr weiße *stullen*."

Es gibt aber auch sehr nette und lustige Anfragen und Anregungen wie Motivvorschläge für die Kindergartentaschen, z. B. E-Gitarre, Mandarine, Schaf mit Spinnrad etc.

stulle

Recycle-Mania

Wer bei den *Pimp My Bag*-Ideen schon auf den Geschmack gekommen ist, kann sich hier noch um eine Ecke steigern. Denn bei den nun folgenden Modellen erreicht der Begriff Recycling eine neue Dimension: Gerade die liebgewonnenen Gegenstände des Alltags, die von der Zeit gezeichnet sind und ihren Dienst erbracht haben, gehen nun als Reinkarnation ins Taschen-Nirvana ein. Ob ein von der Windböe zerfetzter Regenschirm, die alte Lieblingsjeans oder das tausendundeinmal abgespielte Dirty-Dancing-Video – hier werden alle Ex-Lieblinge wieder verwendet.

Schirm-Charme-Hobo

VHS is Bag

Peggy-Sue-Denim-Clutch

Schirm-Charme-Hobo

Schirm-Charme-Hobo

Was man so alles machen kann aus einem alten Schirm! Wir trauen es uns kaum zu sagen, denn wir lieben ja alle unsere Taschenkinder, aber auf dieses ausgetüftelte Modell sind wir besonders stolz. So wandelbar und federleicht lässt es sich in jedes kleine Seitenfach des City-Shoppers stecken, und Sie sind bestens gerüstet für den spontanen Supermarktbesuch. Der Schnitt ist so ausgeklügelt, dass kaum ein Schnipsel übrig bleibt, abgesehen vom Metallskelett, das man ja zur Not noch als Wäschetrockner für Dessous verwenden kann.

Werkzeug

Nähmaschine
Stecknadeln
Bügeleisen
Nahtauftrenner
Stoffschere

Material

alter Taschenschirm
Klettband, 1,5 cm x 10 cm
Nähgarn

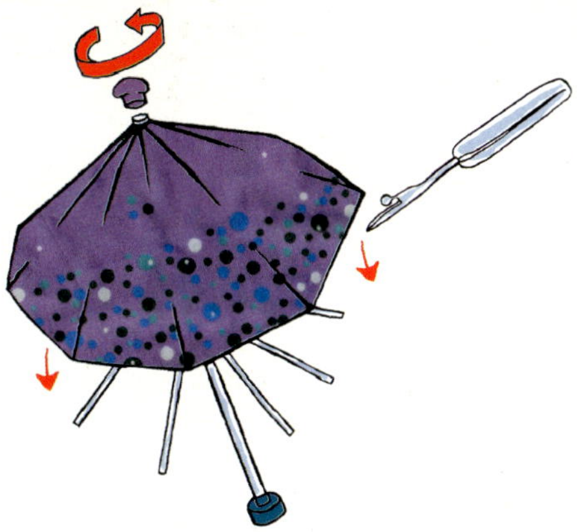

1 Den Stoff des Regenschirms vom Metallgestell lösen.

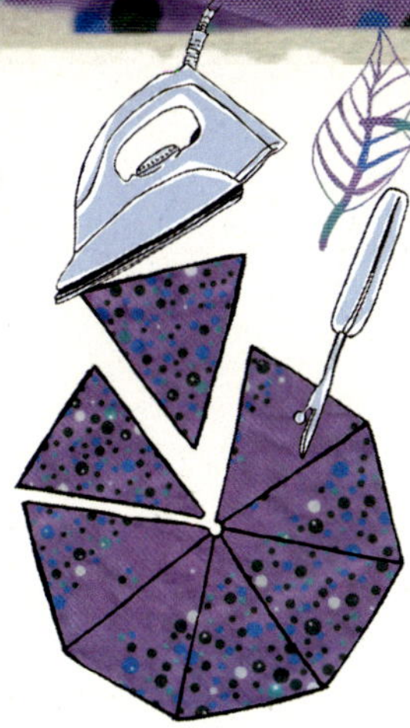

2 Die einzelnen Dreiecke mit dem Nahtauftrenner oder einer kleinen Schere voneinander lösen und auf niedriger Temperatur bügeln.

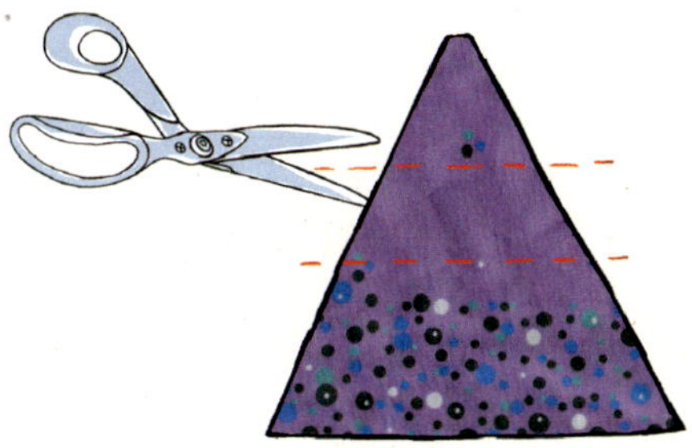

3 Eines der acht Dreiecke in der Höhe halbieren und die obere Hälfte noch einmal halbieren. Die Spitze brauchen wir nicht mehr.

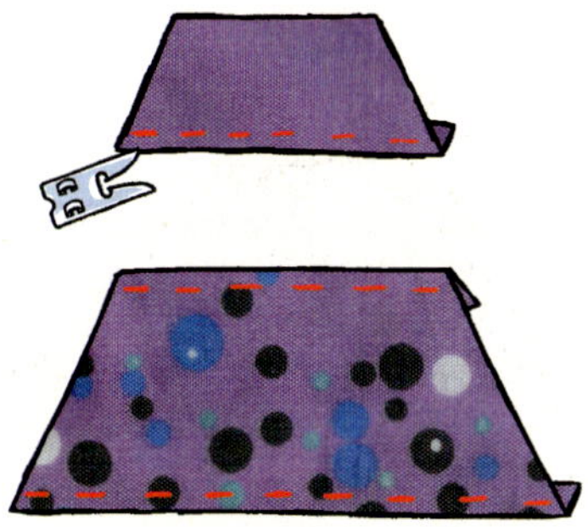

4 Das größere Teil wird eine aufgesetzte Tasche, das kleinere die Taschenblende. Die Nahtzugaben wie eingezeichnet 1 cm einklappen und festnähen.

5 An der Taschenblende die seitlichen Nahtzugaben einklappen und festnähen.

6 Eine Hälfte des Klettbands auf der rechten Seite der Taschenblende annähen.

Andere Länder, andere Sitten

Während wir schon bei einem Hauch von Sonne im Bikini alle Viere von uns strecken, werden in Ländern wie Japan heute noch tragbare Sonnenschirme verwendet – ausschließlich von Frauen, die sich einerseits vor der heißen Sonne, aber auch vor dem Braunwerden schützen wollen.

Übrigens

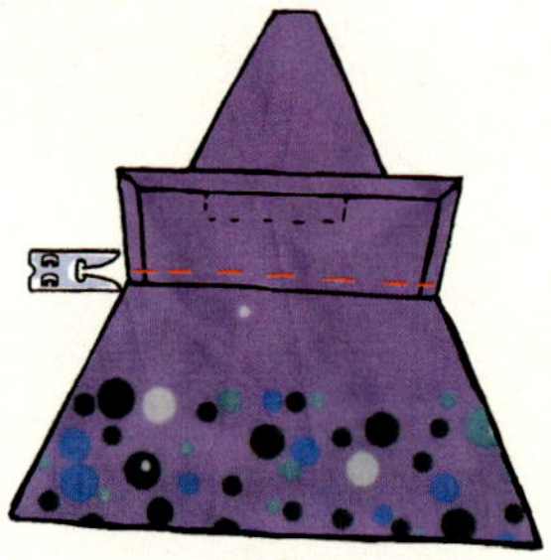

7 Die fertige Taschenblende an ein weiteres Dreieck nähen. Dafür das Teil oberhalb der Mitte platzieren und festnähen.

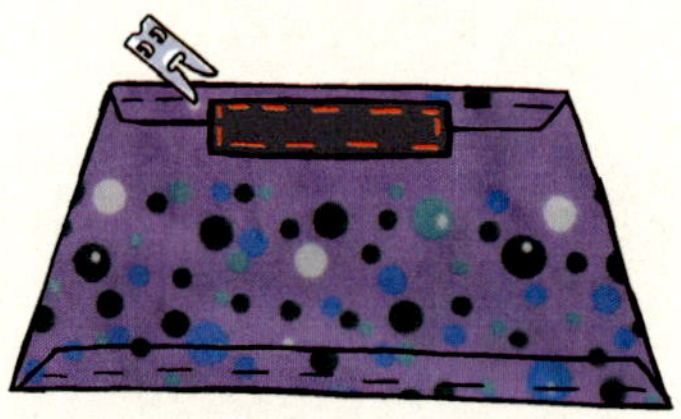

8 Die andere Hälfte des Klettbands auf die linke Seite des Taschenbeutels von Step 4 nähen.

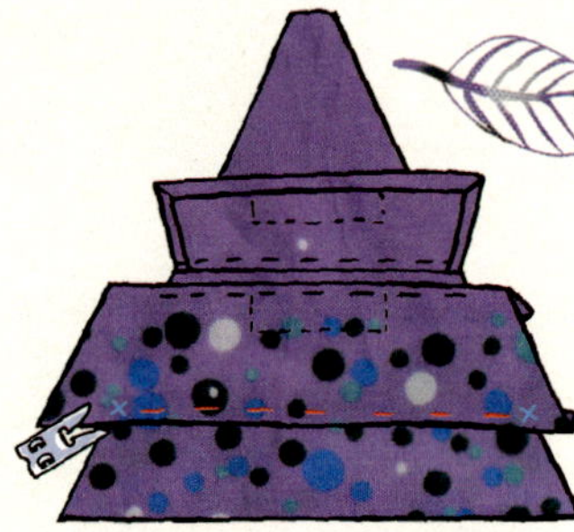

9 Den Taschenbeutel auf das Dreieck aufsteppen. Dabei den Beutel so auflegen, dass die obere Öffnung an der festgenähten Kante der Blende anliegt.

10 Den überschüssigen Stoff an beiden Seiten wegschneiden.

11 Die offenen Seiten des Taschenbeutels knappkantig zunähen, sodass die obere Kante direkt unter der Blende liegt.

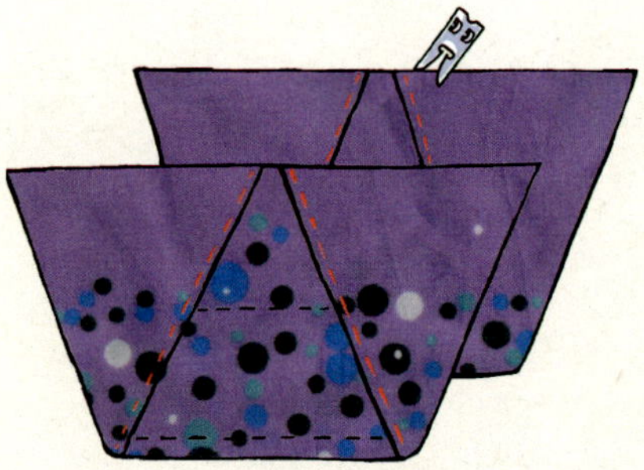

12 Jeweils drei Dreiecke miteinander vernähen. Das ergibt Vorder- und Rückseite. Das Dreieck mit der Tasche liegt in der vorderen Mitte.

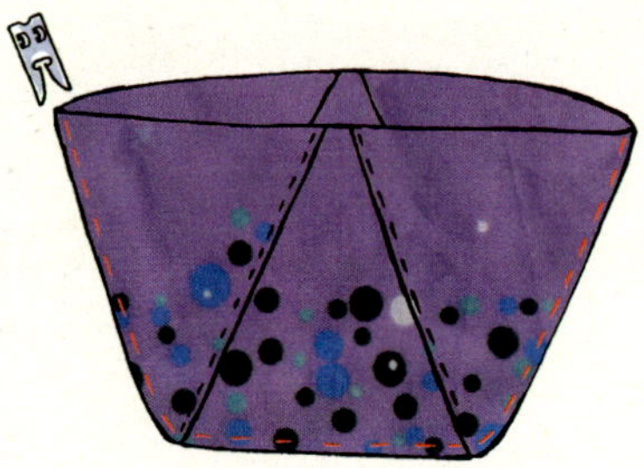

13 Vorder- und Rückteil aufeinandernähen. Dadurch entsteht die Tasche.

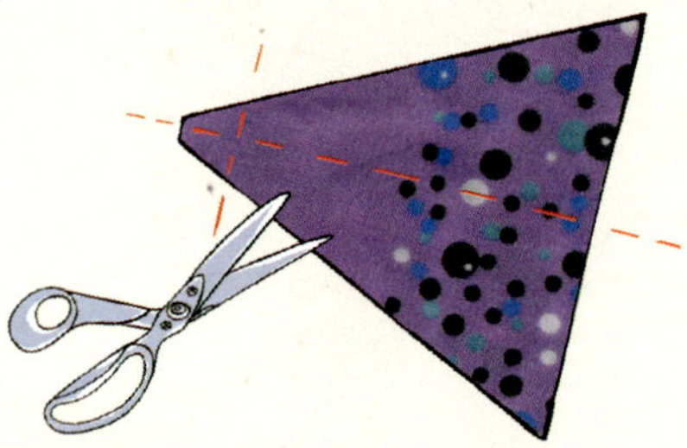

14 Das übrig gebliebene Dreieck an den gestrichelten Linien durchschneiden. Die obere Spitze wird nicht mehr benötigt.

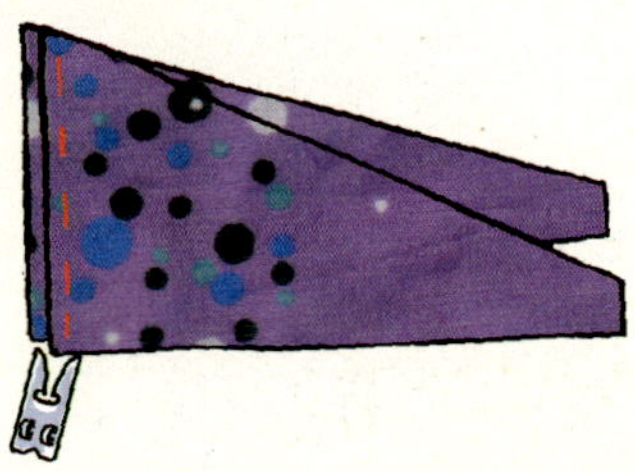

15 Diese beiden Henkel-Hälften werden an der breiten Seite zusammengenäht. Nun auseinanderklappen und bügeln.

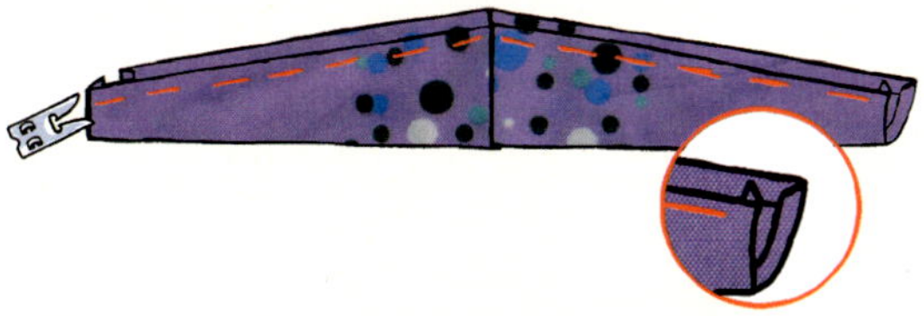

16 Den Henkel längs in der Mitte falten, die Enden und Nahtzugabe einklappen und festnähen.

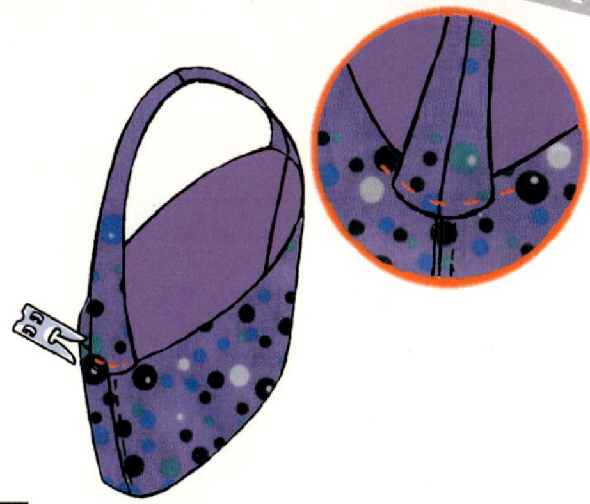

17 Henkel außen an den Seiten der Tasche so festnähen, dass die Naht nach innen zeigt.

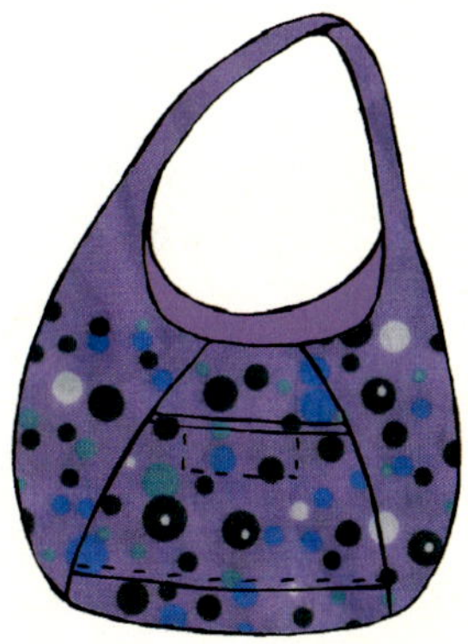

18 Fertig.

19 Für den Transport die Tasche in den Außenbeutel stopfen.

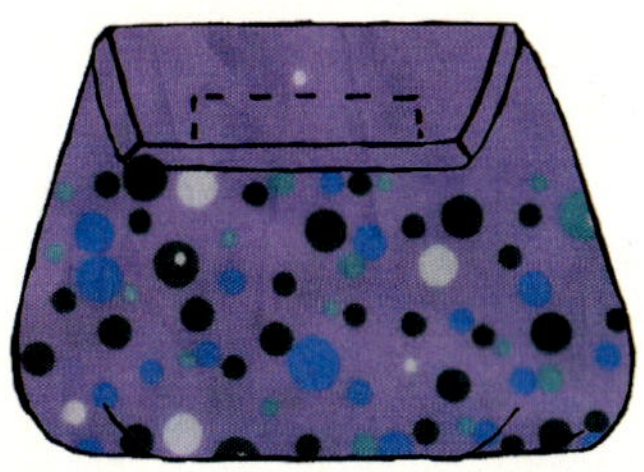

20 Der platzsparende Notfallbegleiter ist fertig.

VHS is Bag

Werkzeug

- Handnähnadel
- Stecknadeln
- Stoffschere
- Schneiderkreide
- Filzstift
- Heißklebepistole
- Cuttermesser
- Lochzange
- Schraubendreher

Material

(Stoffbreite 140 cm)

- Lederimitat in Schwarz, 15 cm
- PVC in Silber, 4 cm
- Metallkette, 110 cm
- Band in Schwarz, 1 cm × 160 cm
- 2 Karabinerhaken
- 2 D-Ringe
- 2 Musterklammern (Bürobedarf)
- Videokassette mit Hülle
- Nähgarn

VHS is Bag

Jede Ära hat ein Ende, es lohnt sich nicht mit Wehmut in die Vergangenheit zu blicken. Die VHS-Kassette liegt auf dem Sterbebett. Falls Ihnen Ihre Eltern noch peinliche Tapes von Ihrem Tanzschulball geschenkt haben – wir haben hier eine tolle Idee, um Ihnen die schockierende Reise in die Vergangenheit zu ersparen. Übrigens sind wir nicht die ersten mit dieser Idee; inspiriert ist dieses Modell von der 2009 von Chanel entworfenen Kassetten-Tasche.

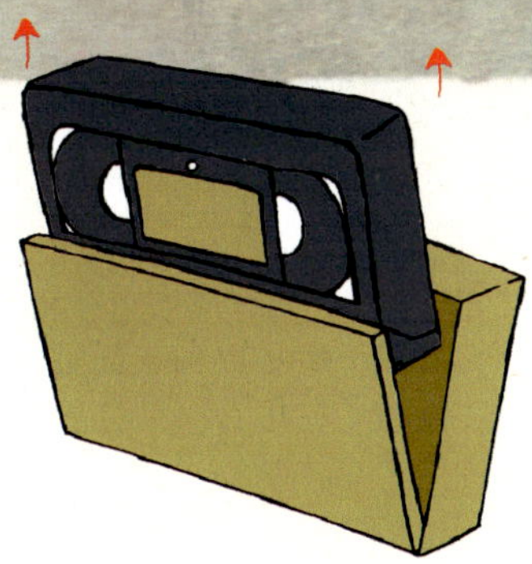

1 Die Kassette aus der Hülle nehmen.

2 Die Kassette auseinanderschrauben und das komplette Innenleben herausnehmen. Die weißen Spulen werden später noch benötigt.

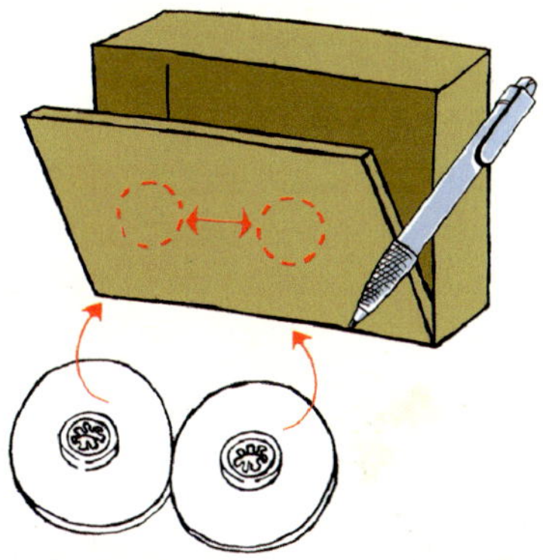

3 Kreise von Ø 2,5 cm (so groß wie die weißen Kassetteninnenteile) mit einem Abstand von 6,6 cm auf die Kassettenhülle übertragen und ausschneiden.

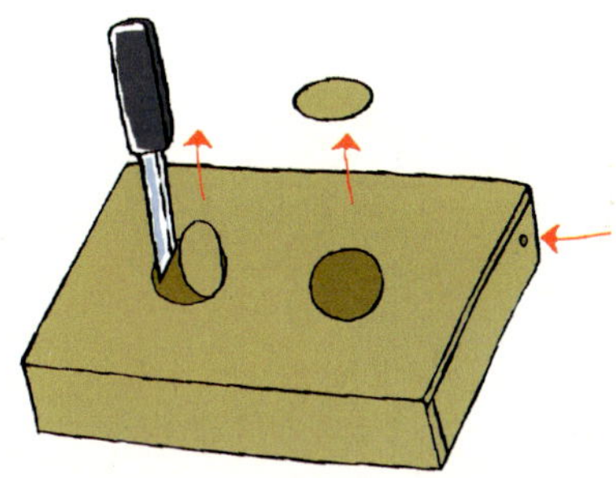

4 An den Seiten je ein Loch von Ø 0,3 cm mittig, 2 cm unterhalb der oberen Kante markieren, ausstanzen oder ausschneiden. Diese brauchen Sie, um später den Henkel zu befestigen.

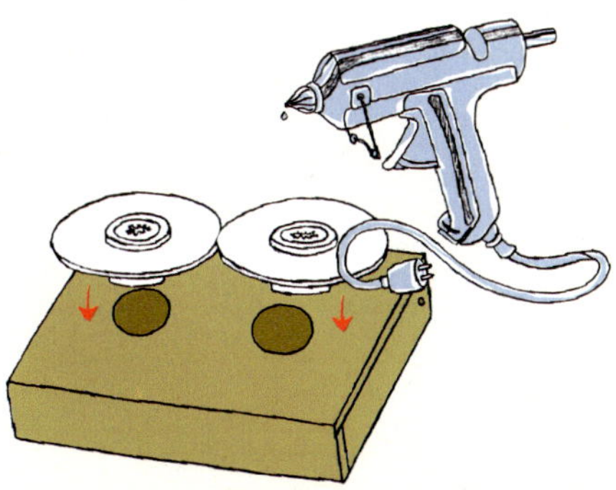

5 Die weißen Kassetteninnenteile in die Löcher drücken und mit ein paar Tropfen Heißkleber fixieren.

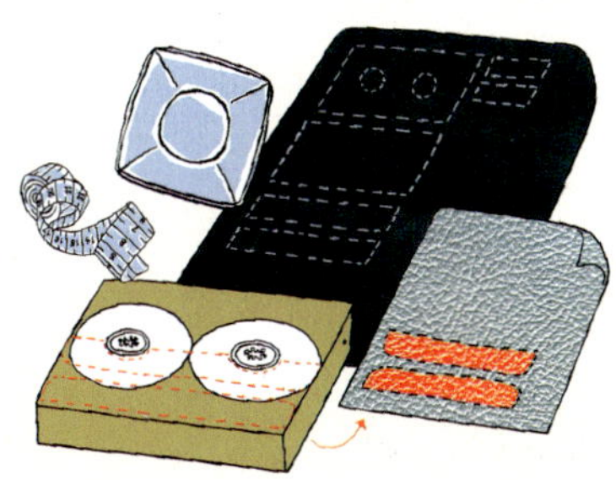

6 Alle Teile der Hülle knapp auf dem Leder nachzeichnen. Zusätzlich noch zwei Schlaufen von 8 cm x 2 cm, an denen später die Henkel befestigt werden, und die silbernen Applikationen (auf dem PVC) markieren.

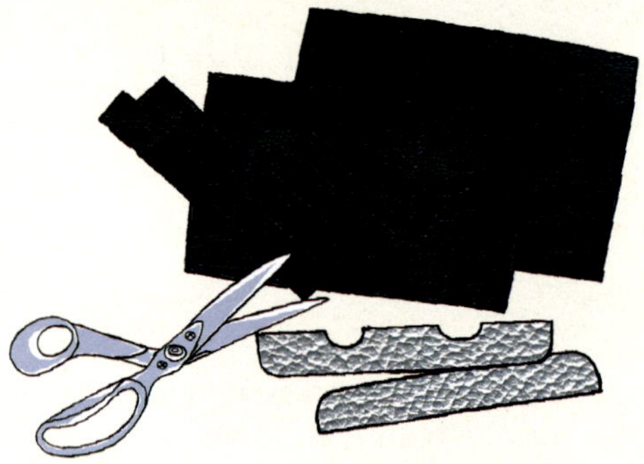

7 Alle markierten Teile zuschneiden.

8 Alle schwarzen Schnittteile mit Heißkleber aufkleben. Achtung, dabei darauf achten, dass die Kassette nicht zugeklebt wird, sich also noch gut öffnen und schließen lässt.

9 Dann die silbernen Teile aufkleben und seitlich das zugeklebte Loch frei pieksen.

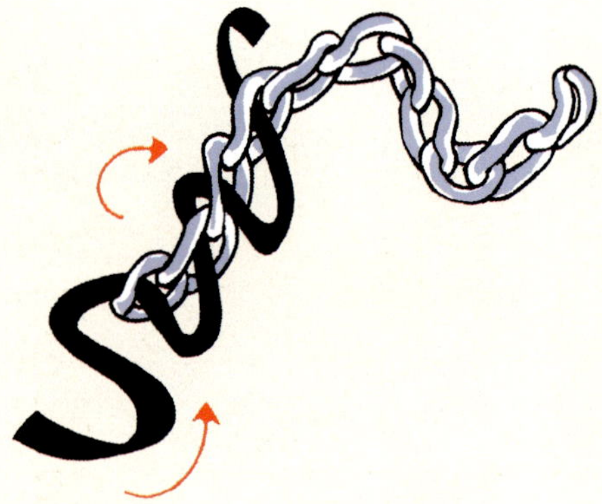

10 Das schwarze Band durch die Kette ziehen.

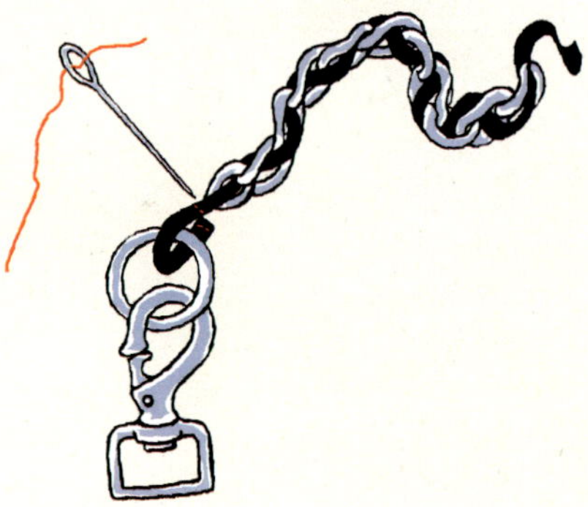

11 Das Band um den Ring am Karabinerhaken schlingen und mit ein paar Handstichen festnähen.

12 Die Schlaufen um den Karabinerring schlingen und festkleben.

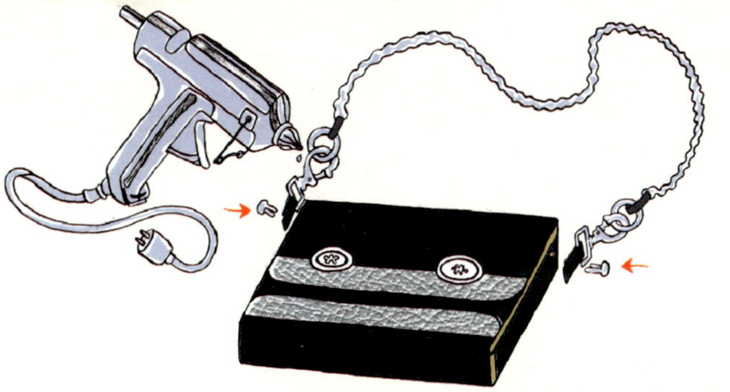

13 Je ein Loch in jede Schlaufe stanzen oder schneiden.

14 Die Henkel an der Tasche am besten doppelt fixieren: mit einem Tropfen Kleber und mit einer Musterklammer.

15 Fertig.

voilà

Tipp

Die dazu passende, kleine Tape-Börse gibt es als Gratis-Download (siehe Anhang Seite 155).

Peggy-Sue-Denim-Clutch

Werkzeug

Nähmaschine
Stoffschere
Papierschere
Handnähnadel
Klebefilm

Material

alte Jeans
Reißverschluss, ca. 27 cm
Borte, 1,5 cm x 30 cm
Pappe, DIN A3
Nähgarn

Peggy-Sue-Denim-Clutch

Gibt man bei Google-Bilder *Tasche aus Jeanshose* ein, eröffnet sich uns ein Bild des Grauens: beinamputierte Unterleiber mit Henkel! Es muss doch eine andere Möglichkeit geben, seine ehemalige Lieblingsjeans in eine Tasche zu verwandeln? Und siehe da, nach langem Nachdenken, Tüfteln und Experimentieren ist es uns gelungen, eine lässige aber durchaus edle *Clutch* zu entwickeln. Durch die Webtechnik ist dieses Modell ein edler Hingucker auch für die Kreativen unter Ihnen, die sich von zu vielen Schnittteilen und Arbeitsschritten verunsichert fühlen. Der leicht ausgefranste Touch („raw edge") erobert im Nu auch das Herz der Understatement-Fraktion.

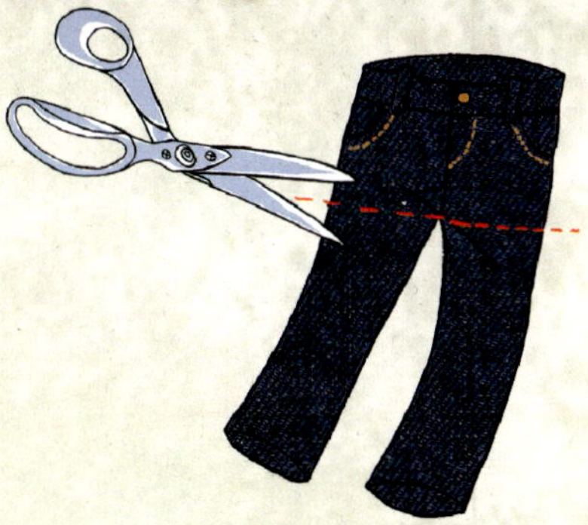

1 Beide Hosenbeine abschneiden.

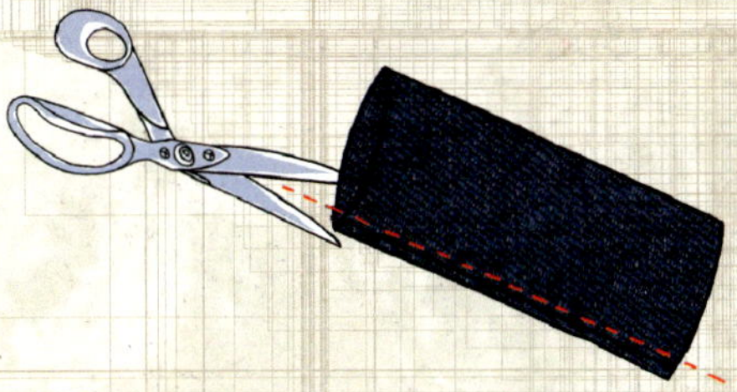

2 Die Hosenbeine an der Jeansnaht (das ist die doppelte, gelb abgesteppte Naht) entlang aufschneiden.

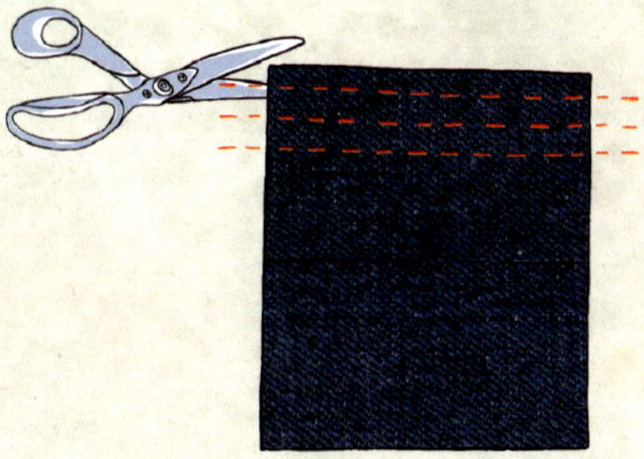

3 Ein Hosenbein in Streifen von 1,5 cm Breite schneiden.

4 Die Pappe an beiden Seiten alle 2 cm einschneiden.

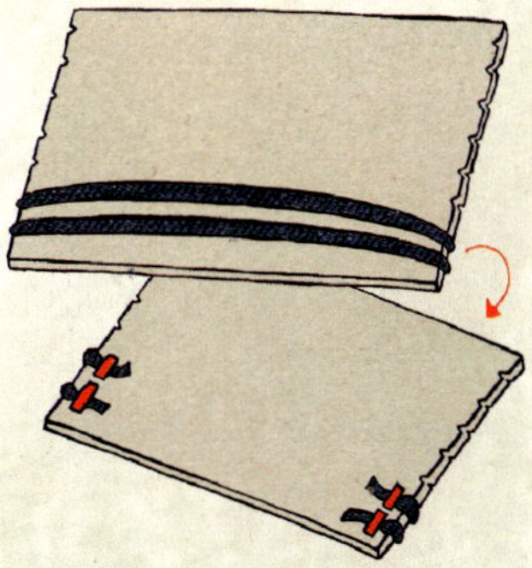

5 Die Jeanstreifen aufspannen und auf der Rückseite die Enden mit Klebefilm fixieren.

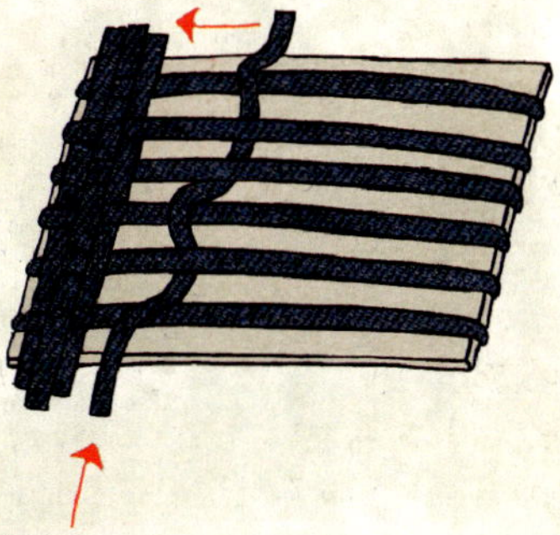

6 Streifen für Streifen hineinweben.

Für einen luxuriöseren *Bottega-Veneta-Look* schneiden Sie Ihren alten Ledermantel in Streifen und weben Ihn mit unserer einfachen Webtechnik zu einer neuen Oberfläche. Kombiniert mit dem Schnitt der Hirsch-Tasche (Seite 62) ist der Neid der Rivalin garantiert.

Tipp

7 Fertig gewebtes Material mit ein paar Handnähten rundherum fixieren.

8 Die gewebte Fläche von der Pappe lösen und überlange Streifen kürzen.

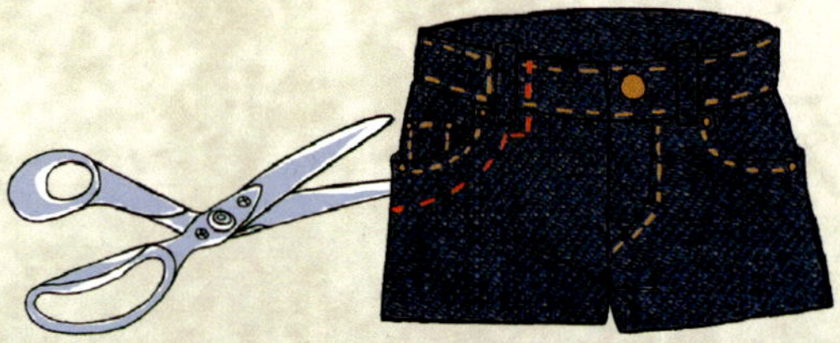

9 Von den übrig gebliebenen Hotpants eine aufgesetzte Tasche abtrennen.

10 Bei diesem Täschchen unten eine gerundete Kante einklappen und oben links an das Vorderteil steppen.

11 Den Reißverschluss an der oberen Kante rechts auf rechts an die Tasche anlegen und festnähen.

12 Dann den gewebten Stoff rechts auf rechts zu einer Clutch falten und die zweite Seite des Reißverschlusses festnähen.

13 Nun die Seiten der Clutch zusammennähen.

14 Die Ecken der Taschen zurückschneiden, Reißverschluß öffnen und die Tasche wenden.

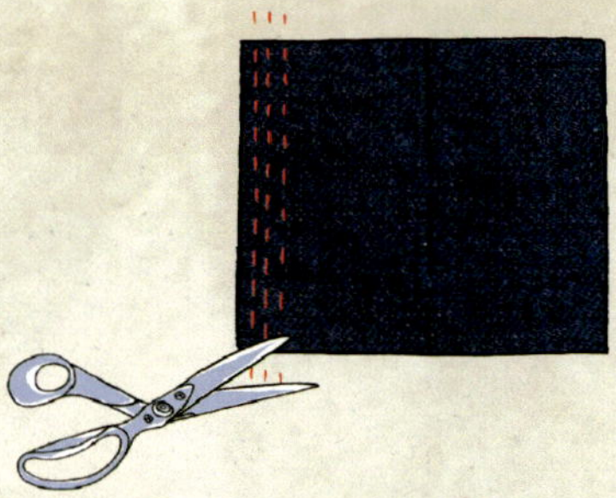

15 Für die seitliche Quaste das zweite Hosenbein in Streifen von 0,5 cm Breite schneiden.

16 Die Streifen (bis auf einen) zu einem Bündel nehmen und in der Mitte mit einem der Streifen umwickeln.

17 Mit einer passenden Borte fixieren.

18 Ca. 12 cm Borte durch die Quaste und Reißverschlussöffnung ziehen und zusammennähen.

19 Fertig.

Übrigens

Texashose

Die Jeans wurde in Deutschland früher auch Texashose genannt. 1953 wurden erste Jeans für Frauen auch in Europa hergestellt. Die *Girls-Camping-Hose* hatte damals den Reißverschluss züchtig an der Seite.

INTERVIEW

mit Karin Maislinger von *kontiki*

kontiki
Karin Maislinger
Grundsteingasse 38/4
A - 1160 Wien
www.kontiki.or.at
buero@kontiki.or.at

Karin Maislinger wurde in Salzburg geboren und ist in Wels und Bad Wimsbach-Neydharting aufgewachsen. Nach dem Besuch der Modeschule Linz zog sie nach Wien, um Landschaftsplanung zu studieren. 2003 gründete sie *kontiki* und entwarf die ersten Taschenmodelle aus recycelten Fahrradschläuchen. Karin Maislinger lebt und arbeitet in Wien. Im Stadtteil Ottakring befindet sich die eigene, kleine Werkstatt.

Wo kann man Ihre Kostbarkeiten live betrachten und was kosten Ihre Taschen?

In unserem Atelier in Wien bzw. in verschiedenen Läden (Ozelot/Wien, das möbel/Wien), hauptsächlich in Österreich sowie auf Messen im In- und Ausland. Wir arbeiten daran, eine kleine Vertriebsstruktur in Europa aufzubauen. Die Geldtaschen kosten um die 50 €, große Umhängetaschen zwischen 120 € und 200 €, Reisetaschen zwischen 220 € und 260 €.

Zeigen Sie uns Ihr Lieblingsstück aus Ihrer aktuellen Kollektion?

Das ist das Modell *komet* (siehe Foto oben rechts), eine reisetaugliche Tasche, die ich für meine erste Flugreise im letzten Jahr entworfen habe. Ich mag den Extra-Zugang zum unteren Teil und die unterschiedliche Nutzbarkeit des Modells. Im oberen Teil gibt es Platz für Notebook und Kleinteile. Der Zwischenboden ist herausnehmbar.

Wie entstand Ihr eigenes Taschenlabel und wofür steht der Name *kontiki*?

Der Titel ist angelehnt an das gleichnamige Floß Thor Heyerdahls, der in den 40ern von der Westküste Amerikas nach Polynesien segelte. Ich hatte auf einem Flohmarkt ein Buch darüber gefunden und war von dem Mut der wildbärtigen Mannschaft stark beeindruckt. Ich fand *kontiki* könnte ein guter Titel für mein eigenes Abenteuer sein. Das Label wurde 2003 gegründet. Mittlerweile ist *kontiki* auch im internationalen Markenregister eingetragen.

Für die Herstellung Ihrer Taschen verwenden Sie Fahrradschläuche und Rennradmäntel. Wie kam es zu der Verwendung dieser interessanten Rohstoffe und wo liegen deren Vorzüge?

Ich beschäftige mich seit 2003 mit der Verarbeitung von gebrauchten Fahrradschläuchen. Die Idee dafür ist aus meiner Arbeit bei einem Wiener Fahrradbotendienst entstanden. Die ausrangierten Fahrradschläuche sind teilweise noch fast neu, ein gutes Ausgangsmaterial also für robuste, wasserabweisende, langlebige Behältnisse.

Auf Ihrer Webseite teilen Sie uns mit, dass viele Ihrer Taschen in einer eigenen Werkstatt hergestellt werden. Wie entsteht bei Ihnen eine Tasche?

Sämtliche *kontiki*-Stücke werden in unserer eigenen, kleinen Werkstatt in Wien hergestellt. Hier entstehen auch die ersten Prototypen, die Schnitte usw. bis hin zu den kleinen Serien der einzelnen Modelle. Unsere Werkstattausrüstung ist

minimalistisch. Wir arbeiten mit ein paar Industrieschnellnähern und das war's eigentlich. Besondere Fertigungstechniken müssen wir mit handwerklichem Geschick lösen. Auf Wunsch können wir Adaptierungen der Taschenmodelle durchführen. Wir legen großen Wert auf eine saubere, einwandfreie Verarbeitung. Deshalb fertigen wir viele Nähte doppelt mit besonderen Verstärkungen. Das erhöht zwar die Produktionskosten, aber es macht Sinn für uns.

Sie haben sich für die Produktion von Kleinserien und Einzelstücken und gegen Massenproduktion entschieden. Wie kam es zu diesem Entschluss, und lohnt sich der Aufwand, selbst zu produzieren?
Wenn man beginnt, sein eigenes Label zu betreiben und eine Modeausbildung als Hintergrund hat, liegt es nahe, die ersten Stücke selbst zu nähen. Am Anfang hatte ich einfach kein Budget, jemanden zu beauftragen. Wenn die Produktion vergrößert wird, merkt man schnell, dass es nicht einfach ist, ein hohes Qualitätsniveau zu halten. Das liegt auch daran, dass auch inländische Lohnbetriebe nach wirtschaftlichen Gesichtspunkten arbeiten, was ebenfalls zu einer minderen Qualität führen kann. Hier hat man als Auftraggeber keine Möglichkeit, Einfluss zu nehmen. Aus diesen Gründen erschien mir der einzige Weg, um während des ganzen Arbeitsprozesses die Qualität zu kontrollieren, Standards zu definieren und selbst mitzuarbeiten, darin, meine eigene Werkstatt aufzubauen. Unsere Löhne erwirtschaften wir hauptsächlich durch die Eigenfertigung, nicht durch Gewinnspannen. Insofern ist unsere Methode eine viel weniger gewinnbringende.

Bei Ihrer Taschenkollektion legen Sie Wert auf ökologische Produkte sowie ressourcensparende und recycelte Materialien. Erkennen Sie ein Umdenken im Kaufverhalten bzw. weiß der Kunde eine auf diese Weise entstandene Tasche zu schätzen?
Ich glaube, dass tendenziell das Interesse an ökologischen Produkten gestiegen ist, allerdings weiß ich nicht, ob sich dadurch an der generellen Einstellung zu Konsum etwas verändert hat. Ich habe eher den Eindruck, dass man, wenn man etwas auf sich hält, jetzt eher grün kauft. Die Taschen von *kontiki* sind jedoch nicht primär Recyclingprodukte. Es ging mir nicht darum, den Recyclingbonus abzuräumen. Ich denke, die Kundschaft von *kontiki* schätzt das Design, die kleine Auflage, die lokale Produktion, vielleicht aber auch den Aspekt des Handwerks sowie die ungewöhnliche Verwendung von Materialien.

Frag Tante Nani

Was Sie schon immer über Taschen wissen wollten, aber sich nicht zu fragen trauten.

Liebe Tante Nani,
ich liebe meine XXL-Tote und fühle mich grauenhaft, wenn ich abends ohne meine sieben Sachen rausgehen muss. Abendtaschen sind irgendwie immer zu klein. Mit der finalen Auswahl der Abendutensilien fühle ich mich überfordert und brauche Ihren Rat: Was muss unbedingt reinpassen, damit ich mich hinterher nicht ärgere?
Gruß, Ihre Jasmin

Liebe Jasmin,
das ist schnell beantwortet: Sie brauchen wirklich nur Kreditkarte, Handy, Schlüssel, Puder und Gloss. Es kostet im ersten Moment kurz Überwindung, sich von allem Schnickschnack des Alltags zu befreien und sich nur auf das Notwendigste zu beschränken. Desto größer wird der Genuss, den Abend sowie die Tanzfläche endlich ohne den Ballast des Alltags zu betreten.
Genießen Sie ihn!
Gruß, Ihre Tante Nani

Liebe Tante Nani,
Taschen kann man nie genug haben. Allerdings verliere ich langsam den Überblick und frage mich, welche Modelle ich mir auf jeden Fall als Grundlage für meine Sammlung zulegen sollte bzw. welches Modell auf keinen Fall fehlen darf. Gibt es in der Taschenwelt auch Must-Haves?
Gruß, Ihre Alexandra

Liebe Alexandra,
wir leben ja nun in einem sehr liberalen Modezeitalter, darum plädieren wir in jedem Fall dafür, dass die Tasche in erster Linie Ausdruck der Persönlichkeit sein soll – egal ob quietsch-grüner Shopper oder bunt-gemusterte Babuschka-Tote. Jedoch sollte sich die ideale Alltags-Tasche auch gut kombinieren lassen. Wir empfehlen daher als Basis jeder Sammlung einen mittelgroßen City Shopper in Schwarz, der sich locker unter den Arm klemmen lässt oder in einer anderen „vernünftigen" Farbe z. B. Caramel, Oliv, Senf oder Taupe. Gerade im Sommer braucht frau allerdings auch eine leichte Alternative zum Leder, daher sind Canvas-Taschen, in Uni oder mit Blumenprint, eine ideale Ergänzung. Zu guter Letzt benötigen Sie auf jeden Fall eine Abendtasche: Am besten eine schwarze Clutch und eine andere mit Riemen, in neutraler Farbe wie z. B. in Nude. Bei dieser kleinen Größe sind Purpur, Rosa, Gold und Weiß aber auch willkommene Gäste im Kleiderschrank.
Gruß, Ihre Tante Nani

Liebe Tante Nani,
gerade bin ich dabei, mir die neusten Stoffe und Materialien zu bestellen, um mich endlich an die Nähmaschine zu setzen. Eigentlich bin ich ja gar nicht so ein bunter Typ, aber bei den Accessoires, da traue ich mich schon mal mehr. Jedoch stellt sich mir die Frage: Gibt es eine No-Go-Farbe, von der ich auf jeden Fall die Finger lassen sollte?
Ihre Jessika

Liebe Jessika,
abgestimmt auf das Outfit, sind alle Taschenfarben erlaubt. Bei Taschen stellt sich eher das saisonale Problem. Wenn Sie sich für Oliv statt Kiwi-Grün entscheiden, ist Ihre Tasche eventuell auch noch im Winter tragbar. Vorsicht ist bei Weiß und Pastell geboten: Ist der Sommer einmal vorbei, funktioniert das gute Stück im Winter nur noch mit weißer Kopfbedeckung und heller Winterkleidung. Auf welche Materialien Ihre Wahl auch fallen mag, wir wünschen viel Spaß beim Nähen.
Gruß, Ihre Tante Nani

Liebe Tante Nani,
bitte klären Sie auf, denn meine Mutter und ich werden uns nicht einig, wer recht hat. Sollte man die Tasche aufs Outfit abstimmen – oder umgekehrt?
Gruß, Ihre Vivi

Liebe Vivi,
Sie sollten die Tasche aufs Outfit abstimmen, denn die Kleidung muss nicht stilistisch zur Tasche passen, sondern lediglich ihre Wirkung optimal unterstreichen. Die Betty Bamboo kann zum Kostüm brav aussehen – mit löchrigen Jeans und Tanktop ist sie plötzlich cool. Die Peggy-Sue-Denim-Cluch aus ausgefransten Jeansstreifen wirkt umso mehr, je klassischer das Outfit ist. Im Übrigen ist es in der Mode wie in der Liebe: Gegensätze sind immer spannender als totale Harmonie. Gilt vielleicht auch für die Mutter-Tochter-Beziehung.
Gruß, Ihre Tante Nani
PS: Immer erst die Tasche kreieren, dann die Pumps kaufen. Das schont die Kreditkarte, weil Schuhe ohne passenden Partner oft ungetragen verstauben.

Liebe Tante Nani,
zum Geburtstag habe ich einen reich geschmückten Schlüsselanhänger geschenkt bekommen. Aber für den Schlüsselbund ist er mir zu opulent – ich dachte da eher an ein neues Anhängsel für meine etwas schlichte Ledertasche. Da stellt sich mir jedoch eine modische Frage: Darf denn überhaupt noch etwas an der Tasche baumeln?
Ihre Bianca

Liebe Bianca,
out ist alles, was an Charme-Armbänder erinnert, also alles, was klimpert und baumelt – also kleine Kettchen, Federn, Perlen. Das ist völlig dated. Total angesagt sind dagegen Broschen und Buttons, am besten kommen Sie auf der Tote- oder Messenger-Bag zur Geltung.
Tipp: Den Schlüsselanhänger unter den Autospiegel hängen und für alle anderen Taschendekorationen Broschen verwenden, am besten selbstgemachte (siehe S. 120). Viel Spaß beim Kreieren.
Gruß, Ihre Tante Nani

Liebe Tante Nani,
neuerdings gibt es bei uns eine sehr angesagte After-Work-Party und das noch nicht mal weit von meinem Büro. Nichts ist traumhafter, als den stressigen Tag mit einem Cocktail ausklingen zu lassen. Eine Sache belastet mich allerdings: Kann ich meinen geräumigen City-Shopper „anbehalten" oder geht jeglicher Glamourfaktor dadurch verloren?
Ihre Conny

Liebe Conny,
naja, auf der After-Work-Party wollen wir mal nicht so streng sein, aber in der Regel gilt: lieber nicht! Was wäre denn, wenn Sie spontan nach der Arbeit zur Filmpremiere oder Restaurant-Eröffnung geladen würden? Für solche Fälle lieber die Paparazzi-Pochette (Seite 30) umfunktionieren und schon verwandeln Sie sich im Handumdrehen in eine Königin der Nacht. Eine kleine Regel würden wir Ihnen gerne noch mitgeben: Je länger das Kleid, desto kleiner sollte die Tasche sein. Cocktailkleider sehen auch mit größeren Clutch-Formaten gut aus. In der Hand getragen wirken diese übrigens immer am elegantesten.
Gruß, Ihre Tante Nani

Existenzgründung: Wenn aus dem Hobby ein Beruf werden soll

Voraussetzungen

Hand aufs Herz: Wie viele Designer und Kreative interessieren sich ernsthaft für Geschäftszahlen und Absatztabellen? Wissen Sie was Fixkosten sind? Schon mal was von Liquiditätsplanung (hat nix mit der Hausbar zu tun) gehört?

Ein guter selbstständiger Taschendesigner muss mehr können und leisten, als nur Designs entwerfen. Und wir raten jedem, der sich ernsthaft mit dem Thema Selbstständigkeit beschäftigt, sich vorher intensiv mit den rechtlichen und wirtschaftlichen Aspekten auseinander- zusetzen. Auch wenn Sie jetzt schon ungeduldig sind, weil Sie Ihre Entscheidung schon gefällt haben und sich am liebsten sofort ins Designerleben schmeißen wollen, bremsen Sie Ihren Übermut einen Moment. Schließlich möchten Sie mit Ihrem Vorhaben weder Geld verlieren noch Beschäftigungstherapie betreiben.

Tipp: Jedes Jahr finden die unterschiedlichsten Existenzgründerwettbewerbe statt. Sie als Designer können da mit Ihrem visuell ansprechenden Businessplan für frischen Wind sorgen und vielleicht sogar einen dotierten Preis gewinnen. Eine gute Starthilfe ist es in jedem Fall. Erkundigen Sie sich bei Ihrer Bank oder Industrie- und Handelskammer!

Vergleichen Sie regelmäßig Ihr laufendes Geschäft mit Ihrem Businessplan. Seien Sie kritisch! Was läuft gut, was nicht? Aktualisieren Sie Ihren Businessplan mindestens einmal im Jahr, besser zweimal.

Businessplan

Ein Businessplan dient dazu, Ihr Vorhaben aus unternehmerischer Sicht zu beschreiben und zu planen, wofür Sie Ihre finanziellen Mittel verwenden möchten. Ein Businessplan lohnt sich in jedem Fall, auch wenn Sie keinen Partner überzeugen oder einen Bankkredit aufnehmen müssen, sondern auch, um für sich selbst alle Szenarien durchzugehen. Und, wer weiß, vielleicht interessiert sich doch noch ein potentieller Investor für Ihre Idee und unterstützt Sie finanziell.

Beispiele für den Aufbau und den Inhalt eines Businessplanes finden Sie als Vorlage in unzähligen Varianten im Internet. In Deutschland helfen häufig die lokalen Industrie- und Handelskammern oder das zuständige Arbeitsamt. Die grobe Struktur setzt sich aus den links aufgelisteten Punkten zusammen:

Businessplan

- Idee
- Zusammenfassung
- Marktanalyse und -überblick
- Wer sind die Gründer (Qualifikationen?)
- Einkauf und Fertigung
- Absatz und Marketing
- Rechtsform bzw. Unternehmensform (z. B. Einzelunternehmer, GbR, GmbH, AG, Limited)
- Finanzierungsplan (Einnahmen und Ausgaben)
- Chancen und Risiken

Buchführung

Das kreative Chaos kann herrlich inspirierend sein. Sind Sie allerdings auch Ihr eigener Buchhalter, dann ist eine Sache ganz wichtig: Ordnung. Sie sind nämlich zur Buchführung verpflichtet. Einnahmen und Ausgaben müssen Sie genau im Auge behalten. So mach' ich es: Am Ende des Monats alle Quittungen, Rechnungen und Einnahmen (in Form von Kassenbelegen oder Überweisungen) auf einem komplett freien Tisch verteilen, Stapelchen bilden und anhand der Kontoauszüge so zuordnen und sortieren, dass hinter jede Kontobewegung der entsprechende Beleg geheftet wird. Eignen Sie sich am besten ein Ordnersystem an. Sie müssen die Einnahmen und Ausgaben, nach Monaten sortiert, jederzeit gegenüber Ihrem Finanzamt belegen können. Wenn Ihnen das alles zuviel wird und Sie schon beim Sortieren der Belege kurz vor dem Nervenzusammenbruch stehen, empfehle ich Ihnen einen externen Buchhaltungsservice. Vielleicht finden Sie ja für den Anfang jemanden aus Ihrem Bekanntenkreis, der für eine Designertasche Ihre monatliche Buchhaltung übernimmt.

Steuererklärung

Und auch dazu sind Sie verpflichtet: Als Unternehmer müssen Sie Ihre Steuererklärung einmal jährlich einreichen. Ich kann Ihnen dabei nur empfehlen: Lassen Sie sich von Fachleuten unterstützen – im Klartext – nehmen Sie sich von Anfang an einen Steuerberater, mit dem Sie auf einer Wellenlänge liegen. Am besten jemanden, dem Sie auch Löcher in den Bauch fragen können, dessen Antworten Sie verstehen und der Sie vorausschauend berät. Lesen Sie sich die monatlich erstellte betriebswirtschaftliche Auswertung und die Jahresabschlussauswertungen gut durch und lassen Sie sich diese bei Bedarf noch einmal erklären. Prüfen Sie jeden steuerlichen Rat, bevor Sie handeln, denn schließlich geht es um Ihr Geschäft

Gesellschaftsform

Abgesehen von Planung, Finanzierung und Realisierung Ihrer Selbstständigkeit stellt sich außerdem bei vielen Start-Ups die Frage, welche Gesellschaftsform die richtige ist. Die Gesellschaftsform bestimmt später, wie Gewinne ermittelt werden, welche Steuern zu zahlen sind und welche Buchhaltungspflichten Sie haben. Deshalb sollten Sie sich ausführlich von einem Steuerberater oder Rechtsanwalt beraten lassen. Damit Sie eine Vorstellung haben, wo die Unterschiede liegen, zählen wir kurz drei Gesellschaftsformen auf.

Kleingewerbe/Einzelunternehmen

Das ist die einfachste Form der Unternehmensführung. Sie müssen dazu nur Ihr Gewerbe anmelden. Ihr Gewinn wird zu Ihrem sonstigen Einkommen addiert und versteuert. Bürokratisch sind hier die Hürden am niedrigsten. Allerdings haften Sie bei einem Bankrott mit Ihrem gesamten Privat- und Geschäftsvermögen.

Personengesellschaft GbR

Wenn sich mindestens zwei Personen zu einem gemeinsamen Gesellschaftszweck zusammentun, auch ohne schriftlichen Vertrag, entsteht eine GbR (Gesellschaft bürgerlichen Rechts). Diese ist in Deutschland gesetzlich in §§ 705 ff. BGB geregelt. Auch hier haften Sie mit Ihrem Privatvermögen, was zum Gefahrenpotenzial werden kann, wenn die anfängliche Euphorie einmal verflogen und der Geschäftsalltag Einzug gehalten hat. Bedenken Sie auch, dass Sie gemeinsam, gesamtschuldnerisch für alle geschäftlichen Entscheidungen Ihrer Partner haften.

Kapitalgesellschaft

Die neu eingeführte Unternehmergesellschaft ist eine neue Variante der altbekannten GmbH, allerdings mit einigen erheblichen Abweichungen. Durch das MoMiG (Gesetz zur Modernisierung des GmbH-Rechts und zur Bekämpfung von Missbräuchen) wurde die haftungsbeschränkte Unternehmergesellschaft eingeführt. Gerade für Jungdesigner und junge Unternehmer mit wenig Kapital dürfte interessant sein, dass eine Unternehmergesellschaft mit einem Stammkapital von mindestens 1 € (und höchstens 24.999 €) gegründet werden kann.

Weitere Informationen gibt es im Internet:
www.mode-und-recht.de
http://de.wikipedia.org/wiki/Rechtsform#Europa

Marketing

Image

Treffen Sie von Anfang an Maßnahmen, um Ihre Marke bekannt zu machen. Präsentieren Sie bei jeder Gelegenheit Ihre kreativen Produkte und besetzen Sie mit Ihren Taschen eine Nische. Zu Beginn müssen Sie Ihre Unbekanntheit mit Originalität kompensieren. Sie könnten z. B. lokale Trachten mit modernen Elementen mixen. Versuchen sie ein Wiedererkennungsmerkmal in Ihre Kollektion einzuflechten. Marketing und Selbstpräsentation funktionieren immer dann besonders gut, wenn sie authentisch und individuell wirken.

Der Name Ihrer Marke

Einen geeigneten Markennamen (engl. label) zu finden, ist für viele eine besondere Herausforderung. Der Name Ihres Labels sollte im Idealfall auch die Philosophie Ihres Produktes widerspiegeln. Achten Sie jedoch darauf, dass Ihr Name nicht allzu modisch klingt und man ihn nach drei Jahren als Kind seiner Zeit entlarvt. Das Gleiche gilt für die Schriftart, in der der Name geschrieben ist. Überlegen Sie, wie der Schriftzug gedruckt oder gestickt am besten aussehen würde. Vergleichen Sie dazu in einem Textverarbeitungsprogramm verschiedene Schriftarten. Unter dem eigenen Namen zu firmieren, ist für viele eine authentische Lösung. Außerdem schafft ein Produkt in Verbindung mit einem Vor- und Nachnamen oft Vertrauen, da offensichtlich eine Person mit ihrem Namen hinter dem Produkt steht.

Zielgruppe

Bei der Entwicklung Ihres Labelnamens und Images halten Sie sich immer vor Augen, wen Sie ansprechen wollen. Wer ist Ihre Zielgruppe und welches Kaufverhalten hat diese Zielgruppe überhaupt? Leider wird dieses Thema oft nicht realistisch betrachtet. So mancher Designer entwirft museumsreife Designs, die oft nur für eine gut betuchte Zielgruppe erschwinglich sind, doch gerade das hochpreisige Marktsegment ist sehr, sehr hart umkämpft und schon seit Jahrzehnten durch die (leider immer gleichen) Nobelmarken besetzt.

Werbung/Public Relations

Alle Maßnahmen, die potentielle Kunden auf Sie aufmerksam machen, sind Werbung. Überlegen Sie sich „Ihre Botschaft" und passende Maßnahmen, um diese zu transportieren. Das kann eine kleine Online-Anzeige sein, statten Sie einen Prominenten aus oder senden Sie ein Original an die Moderedakteurin einer bekannten Zeitschrift. Zu Beginn werden Ihre Kunden wahrscheinlich aus Ihrem Umkreis kommen.

Postkarten und Flyer

Viele Werbematerialien sind preisgünstig herzustellen und leicht zu verteilen (Messen, Haushalte, Partys usw.). Zahlreiche Online-Druckereien bieten ihre Dienste im Internet an. Suchen Sie unter den Stichworten „Flyer", „Postkarten", „Printartikel".

Lookbook

Das Lookbook ist eine Art kleiner Katalog mit Fotos Ihrer Modelle. Es ist wichtig, dass Sie Ihre Modelle fotografisch gut in Szene setzen. Das Lookbook dient dazu, Presse, Händler und Kunden über Ihre Kollektion zu informieren, auf Messetermine hinzuweisen und es dient als Orientierungshilfe bei Bestellungen. Das Lookbook kann verschiedene Formen haben. Es kann digital z. B. auf CD-ROM, als Poster oder Hochglanzkatalog gedruckt oder ganz einfach als Fotoalbum mit Ringspirale gebunden vorliegen. Lassen Sie sich doch bei Ihrem nächsten Messebesuch inspirieren, indem Sie bei Designern, die Sie begeistern, nach Lookbooks fragen.

Marketing

Produktetiketten

Der Wiedererkennungswert Ihrer Kollektion ist höher, wenn Ihr Markennamen auch auf Ihrem Produkt erscheint. Am besten in zwei Varianten: einmal permanent an der Tasche in Form einer Metallplakette, einer Logo-Niete, eines Textil-Labels, heißgeprägt ins Leder oder gestickt auf Stoff. Zweitens als abnehmbares Hängeetikett in Form eines Kärtchens. Diese Kärtchen sind auch praktisch für den Händler, um den Preis anzubringen. Sie sollten nicht nur hübsch aussehen, sondern auch Pflegeanleitung, Material und Artikelnummer, Ihren Labelnamen und Ihre Internetadresse beinhalten.

Website

Ihre Homepage ist Ihre Visitenkarte im Internet. Sie sollte daher farblich bzw. stilistisch zu Ihrem Marken-Image und Ihrer Geschäftsausstattung passen. Ihre Internetseite ist oft die erste Anlaufstelle für Kunden und Presse, die sich über Ihr Unternehmen informieren möchten. Wenn Sie mit einem Grafikbüro zusammenarbeiten, werden Sie dort beraten. Sie können Ihre Website allerdings auch selber machen. Es gibt dazu auch Web-Vorlagen im Internet. Egal, ob Sie die Seite selber machen oder machen lassen, bedenken Sie zuvor genau den Aufbau. Ihre Homepage sollte kurz darstellen, wer Sie sind und was Sie machen, Fotos der Kollektion enthalten und Ihre Kontaktadresse angeben. In Zeiten von Web 2.0 geht der Trend hin zu einfachen, übersichtlichen Seiten, die regelmäßig aktualisiert werden und mit Ihrer Facebook-Seite und eigenem Blog verlinkt sind.

Wenn Ihnen andere Internetauftritte gut gefallen, notieren Sie sich, was Sie besonders anspricht. Vieles davon ist wertvoll für Ihren eignen Webauftritt. Schauen Sie sich folgende Webvorlagen im Internet an: www.templates.nexmedia.de oder www.templatemonster.de

Wenn Sie im Besitz einer Nähmaschine sind, die sticken kann, dann sticken Sie doch Ihren Schriftzug selbst auf ein Trägerbändchen Ihrer Wahl und schon ist Ihr Label fertig!

Um Hängeetiketten selbst zu gestalten, nutzen Sie die Tipps zum Thema Visitenkarte auch für Ihre Etiketten. Sie brauchen dann nur eine Lochzange und ein schönes Band und fertig ist das Etikett. Etiketten und Namensbänder kann man sich in kleiner Auflage auch professionell fertigen lassen. Suchen Sie im Internet unter *hang tags* oder *Hängeetiketten*.

Geschäftsausstattung: Visitenkarten und Briefpapier

Um das Image und die Ernsthaftigkeit Ihrer Marke zu unterstützen, brauchen Sie eine Geschäftsausstattung. Diese sollte Visitenkarten, Briefpapier und Stempel umfassen. Am Anfang brauchen Sie nicht unbedingt eine schicke Werbeagentur mit dem Entwurf zu beauftragen. Sie sind doch kreativ! Do-it-yourself ist auch hier Trumpf – und sieht charmant aus.

Visitenkarten sollten Namen, Firmennamen, Adresse, E-Mail und Webadresse enthalten. Die Standardmaße sind 8,5 cm x 5,5 cm.

Bestempeln Sie Ihre Visitenkarten mit Ihrem Logo (Gummi-Stempelmacher gibt es zuhauf im Internet): Dazu können Sie alte Karteikarten, U-Bahn-Tickets, Plakate, Pokerkarten, Büttenpapier oder was auch immer Sie inspirieren mag mit den wichtigsten Infos bekleben, umnähen und bedrucken.

Verwenden Sie doch Ihr Hängeetikett (sofern Sie schon eines haben) als Visitenkarte, indem Sie auf der Rückseite einen Aufkleber mit Ihrer Adresse anbringen.

Das Briefpapier sollte auf Ihre Visitenkarten abgestimmt sein. Gestalten Sie den Briefkopf und die dazugehörigen Umschläge am Computer. Den Briefkopf können Sie mit einem einfachen Textverarbeitungsprogramm wie Microsoft Word oder mit Layoutprogrammen wie Adobe InDesign erstellen. Seien Sie auch hier erfinderisch und experimentieren Sie mit unterschiedlichen Papierqualitäten, Lochzange oder Stempel.

Arbeitsplatz

Gerade am Anfang eines kleinen, neuen Designunternehmens stellt sich die Frage nach dem Arbeitsplatz. Wie viel Platz brauchen Sie zu Beginn und welche Nähmaschinen, Drucker, Computer, Büromöbel und Regale sind notwendig? Denken Sie auch an Platz für mögliche Kollegen, Mitarbeiter und die in der Modebranche unverzichtbaren Praktikanten. Weiter werden Sie auch Lagermöglichkeiten für Stoffe, Materialien und fertige Produkte benötigen.

Arbeiten von zu Hause

Arbeiten von zu Hause ist sehr kostengünstig. Wenn Sie sich dafür entscheiden, versuchen Sie, sich einen separaten Raum für Ihre Arbeit abzugrenzen. Damit vermeiden Sie Ablenkung. Arbeiten von zu Hause erfordert viel Disziplin, besonders, wenn die Grenzen von privat und geschäftlich verschwimmen. Bei Besuch von Geschäftspartnern und Kunden empfiehlt sich als Treffpunkt ein Restaurant oder ruhiges Cafe.

Eigenes Studio oder Ateliergemeinschaft

Im eigenen Büro sind Sie unabhängig, können laut an der Nähmaschine rattern und die Musik aufdrehen, ohne dass sich jemand gestört fühlt. Auch vertrauliche Gespräche über Preise, Mengen und Verträge usw. sind kein Problem. Allerdings sind Sie dann auch isoliert. In einer Ateliergemeinschaft kann man sich Fixkosten wie Miete, Nebenkosten, W-LAN, Drucker, Küche etc. teilen und spart dadurch viel Geld. Außerdem kann ein kleiner Plausch unter Kollegen auch mal ein Motivationsschub sein – im Idealfall schaffen Sie Synergien. Ich empfehle, nicht ohne Hintergedanken, eine Gemeinschaft mit Grafikdesignern oder Computerspezialisten, doch selbst mit anderen Designern in einer Bürogemeinschaft kann die Arbeit sehr inspirierend sein. Am Ende des Tages ist es wichtig, dass die Chemie stimmt, denn wahrscheinlich werden Sie mit Ihrer/m zukünftigen Bürogenossin/en mehr Zeit verbringen als mit Ihrem Herzallerliebsten.

Eigenes Atelier mit Ladenlokal

Der Vorteil besteht darin, dass Sie die Möglichkeit haben, direkt zu verkaufen und dadurch Kontakt zu Ihren Kunden zu bekommen und Feedback zu erhalten.
Außerdem erschließt sich eine zusätzliche Einnahmequelle, die im Idealfall die Deckung einiger Fixkosten ermöglicht.

Der Nachteil: So mancher Kunde besucht Sie auch ohne die geringste Kaufabsicht in Ihrem Geschäft und raubt Ihnen dadurch kostbare Arbeitszeit. Außerdem ergibt sich mehr Aufwand durch das Kassengeschäft (doppelte Buchführung in Deutschland).

Versuchen Sie gerade am Anfang, Ihre Investitionen und Fixkosten niedrig zu halten; gebrauchte Regale, Nähmaschinen, Computer und Tische tun es auch und kosten oft nur die Hälfte.

Verhandeln Sie den Mietpreis, manchmal gibt es noch ein wenig Spielraum. Achten Sie auch auf Kündigungsfristen, Renovierungspflichten und Nebenkosten.

Produktion: Vom Prototyp zur Kleinserie

Wo lasse ich mein Produkt produzieren? Viele junge Designer müssen sich dieser schwierigen Herausforderung stellen. Einen Hersteller zu finden, der Ihr Produkt nicht nur in gewünschter Qualität und Stückzahl fertigen kann, sondern auch zu einem vernünftigen Preis, ist nicht einfach. Sie müssen so planen und kalkulieren, dass Sie konkurrenzfähig auftreten und auch gegenüber großen Unternehmen bestehen können. Qualität, Preis und Menge sind selbst für große Modeunternehmen bedeutende Herausforderungen.

Eigene Produktion

Wenn Sie am Anfang Ihres Unternehmens stehen, ist die eigene Produktion die sicherste Methode, um Qualität zu gewährleisten und kleine Stückzahlen nach Bedarf zu produzieren. Vorausgesetzt natürlich, Sie sind fachlich dafür ausgebildet und verfügen über entsprechende Maschinen. Achten Sie aber darauf, dass Sie Ihren eigenen Stundenlohn in die Kalkulation Ihres Produktes einrechnen.

Externe Heimarbeit

Oft arbeiten gut ausgebildete Fachkräfte von zu Hause aus. Wenn sie in Ihrer Nähe ansässig sind, können Sie auch vor Ort ein Auge darauf werfen. Das gibt Ihnen Gelegenheit, weiterhin kleine Stückzahlen anfertigen zu lassen und sich selbst in der Zwischenzeit um andere Bereiche Ihrer Firma zu kümmern.

Externes Nähatelier: Zwischenmeister

Sogenannte Zwischenmeister fertigen kleinere Stückzahlen. Sie übernehmen meist auch Musteranfertigung, Zuschnitt und ergänzen, wenn nötig, Materialien. Wie bei den oben genannten Optionen müssen Sie sich auch hier um die Beschaffung aller Materialien kümmern.

Zulieferer: Full-Service-Produktionsstätten

Diese Zulieferer sind in der Lage, anhand einer genauen Entwurfsskizze einen Prototyp aus echtem Material zu entwickeln, d. h. sie liefern Schnitte, Erstmuster und organisieren die Materialbeschaffung. Viele dieser Firmen sind im Ausland ansässig, so ist zwar oft die Produktion günstiger, aber mit vielen Problemen verbunden. Kommunikation, Zoll, Versand und lange Lieferzeiten erschweren oft eine reibungslose Zusammenarbeit. Kalkulieren Sie mit mehrmonatigen Lieferzeiten und dem Risiko, Ihre Ware verspätet zu erhalten. Der Aufwand lohnt sich für beide Seiten daher eher bei Stückzahlen im Hunderterbereich. Seien Sie misstrauisch, falls Sie einen vielversprechenden Zulieferer gefunden haben, investieren Sie in ein Flugticket und machen Sie sich selbst vor Ort ein eigenes Bild von Ihrem Produktionspartner.

Preiskalkulation

Um die Preise für ihre Produkte zu kalkulieren, haben viele Unternehmen unterschiedliche Methoden entwickelt. Als Faustregel kalkulieren viele Designer 30 bis 40 % zu den Herstellungskosten dazu. Es empfiehlt sich jedoch, eine genaue Aufstellung der Kosten und Warenkalkulation zu erstellen. Denken Sie auch über eine Mischkalkulation nach, d. h. manche Produkte sind in der Herstellung günstiger als andere, Sie können daher auch bei jedem Modell einen anderen Aufschlag einrechnen. Umgekehrt ist es für den Einkäufer auch attraktiv, bei ein oder zwei Modellen einen günstigen Einstiegspreis in der Kollektion zu haben. Wenn Sie an den Einzelhandel verkaufen, dann denken Sie an die Kalkulation des Händlers. Viele Händler kalkulieren die Verkaufspreise, indem sie den Einkaufspreis mit 3 multiplizieren. Vergleichen Sie auch die optische Wertigkeit Ihres Produktes ganz neutral mit Ihrem kalkulierten Preis, d. h.: Sieht die 300-€-Tasche auch aus, als wäre sie 300 € wert? Die Kosten minimieren sich außerdem, wenn Sie ein Modell in großen Stückzahlen herstellen lassen können oder immer ähnliche Grundschnitte in Ihrer Kollektion verwenden.

Verkauf

Ihr Arbeitsplatz ist eingerichtet, der Name Ihres Labels ist gefunden, die Musterkollektion produziert und die Preise für Ihre Stücke sind kalkuliert. Nun beginnt der wichtigste Teil der Arbeit – der Verkauf.
Genauso viel Sorgfalt, wie Sie in die Erstellung Ihrer Kollektion stecken, sollten Sie auch in die Verkaufsstrategie investieren. Denn Ihre Kollektion, so schön Ihre Taschen auch sein mögen, verkauft sich in der Regel nicht von selbst. Vom kostengünstigen Online-Shop bis hin zum aufwendig gestalteten Messestand sind die Absatzmöglichkeiten so vielfältig wie nie zuvor. Wir werden Ihnen im Folgenden typische Verkaufsmöglichkeiten aufzählen. Aber Achtung: Wenn Sie nicht schon über langjährige Berufserfahrung und Kontakte in der Branche verfügen, raten wir Ihnen dringend, klein anzufangen, d. h. die anfänglichen Investitionen so gering wie möglich zu halten und mit Ihrem Unternehmen zu wachsen. Sicher, ein professioneller Auftritt, die Produktion der Kollektion, Marketingmaßnahmen... das alles kostet Geld. Ihnen sollte aber klar sein, dass es gerade am Anfang Ihrer selbstständigen Tätigkeit oft mehrere Saisons braucht, bis sich die Investitionen auszahlen. Sie brauchen einen langen Atem – rechnen Sie mit mindestens 3 Jahren.

Zum Glück unterliegen Taschen nicht so stark saisonalen Modetrends. Im Gegenteil: Um den Wiedererkennungswert der Taschenmarke zu unterstützen, ändern Designer oft nur die Farben und kleine Details.

Verkauf an den Einzelhandel

Der Vorteil besteht darin, dass die Einzelhändler die Produktpräsentation und den Verkauf übernehmen. Nachteil ist, dass viele Händler Ihre Produkte nur auf Kommission nehmen, sodass Sie genau notieren müssen, wem Sie was und in welcher Stückzahl geliefert haben.

Bestätigen Sie vereinbarte Bestellungen immer schriftlich. Legen Sie Ihre Bedingungen für Zahlungen und die Geschäftsabwicklung dazu (Allgemeine Geschäftsbedingungen AGB). Geben Sie auf Ihrer Rechnung immer den Brutto- und Nettopreis an. Achtung: Bei einer Lieferung ins Ausland gelten meist andere Regeln bezüglich der Mehrwertsteuer.

Eigene Akquise

Ein sehr aufwendiges, aber kostengünstiges Verfahren, um Ihre Produkte in die Geschäfte zu bringen, ist die eigene Akquise. Suchen Sie Boutiquen und Warenhäuser, bei denen Sie Ihr Produkt gut repräsentiert sehen würden. Treten Sie professionell auf: Lassen Sie sich einen Termin mit dem Einkäufer geben und schicken Sie vorab Infomaterial wie Prospekte und eine Preisliste. Im Modevertrieb gelten im Allgemeinen zwei Verkaufszeitfenster im Jahr: Saison Herbst/Winter und Saison Frühjahr/Sommer, wobei die Händler ein halbes Jahr vor Saisonbeginn bestellen. Für den Designer heißt das, die Kollektion muss ein Jahr, bevor Sie im Handel steht, entwickelt werden.

Verkauf

Messen

Recherchieren Sie nach der richtigen Messe für Ihre Kollektion. Wo stellt z. B. Ihre Konkurrenz aus? Sprechen Sie mit ehemaligen Ausstellern über deren Erfahrungen auf den Messen. Wählen Sie auch Boutiquen und Warenhäuser aus, in denen Sie Ihre Kollektion verkaufen möchten, und schicken Sie deren Einkäufern Einladungen für die Messe.

Erkundigen Sie sich bei der Messeorganisation, ob es für Jungdesigner Sonderkonditionen gibt. Oft ist das der Fall. Ansonsten hat jedes Land auch seine eigenen Fördermittel, die Sie beantragen können. In Deutschland zum Beispiel gibt es die Auma (Ausstellungs- und Messe-Ausschuss der deutschen Wirtschaft e.V.). Sie fördert finanziell die Teilnahme an einer Messe im Ausland.

Vertriebsagenturen und Vertreter

Wenn Sie als Marke noch unbekannt sind, ist es zwar nicht einfach, einen professionellen Vertrieb für sich zu begeistern, aber da man in der Mode ständig auf der Suche nach Neuem ist, sucht man auch junge Designer mit neuen Ideen. Agenturen haben oft die nötige Erfahrung auf dem Markt und haben Kontakte zu Einkäufern. Bezahlt wird diese Vermittlungsleistung über eine Verkaufsprovision von ca. 10–15 %.

Direktverkauf

Der Vorteil besteht darin, dass Sie die volle Marge am verkauften Produkt erhalten, jedoch großen zeitlichen Aufwand durch Beratung, Verkauf, Versand und Reklamation haben.

Eigenes Geschäft

In Ihrem eigenen Verkaufsgeschäft haben Sie den engsten Kundenkontakt. Falls Ihr Geschäft auch Atelier ist, haben Sie sogar die Möglichkeit, auf individuelle Kundenwünsche einzugehen.

Online-Shop

Handtaschen sind frei vom Terror der Konfektionsgrößen. Daher bietet sich der Online-Verkauf an. Heutzutage ist es nicht schwer, seinen eigenen Online-Shop zu gestalten. Die entsprechenden Vorlagen dazu gibt es im Internet. Sie sollten dann allerdings auch in Marketingmaßnahmen investieren (z. B. bei Google, Facebook, Twitter, Newsletter), um Kunden in Ihren Shop zu locken. Wenn Ihnen das zuviel Aufwand ist, lohnt es sich vielleicht, in gut besuchten Online-Shops aufgenommen zu werden.

Jungdesigner-Märkte

Besonders in Großstädten werden immer mehr interessante Jungdesigner-Märkte und -Messen organisiert. Diese bieten den Teilnehmern eine preisgünstige Plattform, sich zu präsentieren, Kontakte zu Einkäufern und Kunden zu knüpfen, sich mit gleichgesinnten Designer-Kollegen auszutauschen und vor allen Dingen, die Ware direkt an den Mann zu bringen. Interessante Messen und Jungdesigner-Märkte sind *Designattack, Glutamat, Coffee and T-Shirt, Blickfang, HolyShitShopping, Weddingdress* (siehe auch S. 154).

Für junge Labels, die in Eigenproduktion fertigen, lohnt sich ein Shop bei www.dawanda.de oder www.etsy.com

Internetadressen für Jungdesigner und Existenzgründer

Allgemeine Geschäftsbedingungen (AGBs)

Deutschland
www.template-koenig.de/service/agb

Österreich
Wirtschaftskammer Österreich: AGB-Datenbank mit Vorschlägen nach Branchen; Suchbegriff „agb"
www.portal.wko.at

Schweiz
Das Nicht-EU-Mitgliedland Schweiz kennt bisher noch keine explizite gesetzliche Regelung der AGB Gesellschaftsformen
www.mode-und-recht.de

Businesspläne

Deutschland
Existenzgründerwettbewerb
www.deutscher-gruenderpreis.de

Businessplaner Bundesministerium für Wirtschaft und Technologie
www.existenzgruender.de/gruendungswerkstatt/businessplan_erstellen/businessplaner/index.php

28 kostenlose Businessplan-Vorlagen und Businessplan-Leitfäden
www.gruenderblatt.de/businessplan.php

Beratungseinrichtungen der Gründerinnenagentur
www.gruenderinnenagentur.de/bga/Beratung/Beratungseinrichtungen/index.php

Tipps zur Existenzgründung im Bereich Mode
www.modeopfer110.de/know-how/mode-job.html

Businessplan kostenfrei erstellen
www.unternehmenswelt.de/businessplan.html

Österreich
www.diegruender.at/businessplan/finanzplan.php
www.diegruender.at/businessplan/prolog1.php

Schweiz
www.ifj.ch/%20IFJ

Netzwerke und Blogs für Jungdesigner

Deutschland
Jedes übernommene Design wird mit einer Pauschale vergütet. Zusätzlich ist der Designer an jedem verkauften Shirt seines Designs prozentual beteiligt.
www.armedangels.de
www.arcademi.com

Community für alle jungen Kreativen aus den Bereichen Fashion, Schmuck und Accessoires
www.coffeeandteeshirts.de
www.designertreff.net
www.kleidungsart.de
www.nelou.com

Österreich
Kommunikationsplattform österreichischer Modeschaffender
www.austrianfashion.net

Vernetzung zwischen traditionellen Unternehmen und den Creative Industries
www.creativespace.at

Schweiz
Kommunikations- und Präsentationsplattform
www.radostar.com

Internetadressen für Jungdesigner und Existenzgründer

Verkaufsplattformen im Internet

Besondere Stücke & Limited Editions
www.dailyobsessions.com

Online-Marktplatz für Unikate und Selbstgemachtes
www.dawanda.de
www.ebay.de
www.etsy.com
www.vondir.de

Blog über neue Verkaufsportale, Aktionen bei Etsy, DaWanda etc.
www.handmadezwonull.blogspot.com

Shop für Mode von Jungdesignern
www.moderausch.de
www.shopwindoz.com

Schweiz
www.guzuu.com

Seminare, Veranstaltungen, Workshops

www.business-workshop.de
www.deutschesmodeinstitut.de
www.fashion-base.de/Education.htm

Fachmessen

Fachmesse für Heimtextilien und Wohnaccessoires
www.heimtextil.messefrankfurt.com

Premium, Berlin: Junge Mode
www.premiumexhibitions.com

Rendez-vous, Paris
www.rendez-vous-paris.com

The box, Paris
www.theboxinparis.com

The train, New York
www.thetrainnewyork.com

Jungdesignermärkte

Exklusive Jungdesignermesse mit strikten Auswahlverfahren
www.blickfang.com

Düsseldorf: Kleine Jungdesignermesse
www.coffeeandteeshirts.de

Designmesse für Jungdesigner im Rahmen der GDS/GLS in Düsseldorf
www.designattack.de

Kleine Designermesse in der Bielefelder Innenstadt
www.glutamat.net

Avantgardistische, Berliner Jungdesignermesse
www.weddingdress4.de

Schweiz
Junges, zeitgenössisches Schweizer Design
www.designmarkt.ch

Messen für Zulieferbetriebe

Interstoff: Fachbesuchermesse für Wohn- und Objekttextilien, Heimtextilien und Bekleidungsstoffe
www.interstoff.messefrankfurt.com

Die größte Zuliefermesse für Lederwaren und Accessoires
www.lineapelle.it

Designwettbewerbe

Auflistung verschiedener Fashion-Wettbewerbe
www.eyeka.com

Wettbewerb für Jungdesigner von Galeries Lafayette in Berlin
www.galerieslafayette.de/labomode.html

Annual Independent Handbag Designer Awards
www.handbagdesigner101.com/independent_handbag_designer_awards

Ziel dieses Preises ist es, den kreativen Nachwuchs in Deutschland zu fördern und Zugänge in den Markt zu schaffen.
www.innovationspreis-textil-mode.de

Von Diesel ins Leben gerufener International Talent Support; regelrechter Karrierebooster
www.itsweb.org

Übersicht über hochdotierte Modepreise für talentierte Modedesigner aus aller Welt und umfangreiches Modenetzwerk
www.modeopfer110.de

Österreich
Festival für Mode und Fotografie sowie
AFA-Austria Fashion Awards
www.10festival.at

Visitenkarten

Inspiration für die eigene Karte
www.inspiredology.com/cool-business-cards

Die besten Arbeiten deutscher Agenturen und Designer
www.designmadeingermany.de/corporatedesign/visitenkarten

Kartenhersteller
www.proviscard.de

Visitenkarten aus Kunststoff
www.sublimationsdruck.ch/visitenkarten_aus_kunststoff.htm

Flockmotive werden hier geplottet
www.flocksprinter.de

Fotobücher als Lookbooks
www.cetewe.de

Website

Vorlagen für Websites
www.templates.nexmedia.de
www.templatemonster.de

Zeitschriften

CUT Leute machen Kleider
www.cut-magazine.com

Missy Magazine
www.missy-magazine.de

Material girl
www.materialgirl-mag.com

Taschen für Fashionistas

Gratis-Download-Anleitungen für weitere Taschenmodelle finden Sie unter **www.haupt.ch** oder **http://nanicoldine.bigcartel.com/**
Mehr über die Entstehung dieses Buches finden Sie auf unserem Online-Tagebuch www.bagstage.info unter „Taschen für Fashionistas“.

Literatur und Inspiration

Literatur

Taschen

Anton, Annette C.
Das Handtaschenbuch. Frauen und ihre ständigen Begleiter
Eichborn Verlag, Frankfurt 2003

Goldstein-Lynch, Ellen, Mullins, Sarah, Malone, Nicole
Handbags - retro, chic, luxuriös. 40 Taschenprojekte
Haupt, Bern 2004

Terry, Terence
Das Taschen-Buch.30 trendige Projekte
Haupt, Bern 2002

Claire Wilcox
Handtaschen. Moden und Designs im 20. Jahrhundert
Bassermann, München 1998

Modedesign

Fitzgerald and Grandon
200 Wege in die Welt des Modedesigns
Stiebner, München 2009

McCormack, Lee Carl
Designers are Wankers
Thames & Hudson, London 2006

Meadows, Toby
Wie gründe ich ein Modelabel? Grundlagen und Insider-Tipps
Av Edition, Stuttgart 2009

Peacock, John
Kostüm und Mode – das Bildhandbuch
Von den frühen Hochkulturen bis zur Gegenwart
Haupt, Bern 4. A. 2007

Travers-Spencer, Simon, Zaman, Zarida,
500 Elemente des Modedesigns. Formen, Stile, Stoffe
Haupt, Bern 2010

Muster

Bowie Style
Neue Muster – 750 Patterns. Flächendesign aus der ganzen Welt
Haupt, Bern 2010

Cole, Drusilla
Designmuster. Zeitgenössische Oberflächengestaltung
Haupt, Bern 2008

Recycling

Donath, Uta, Hauck, Eva, Huboi, Claudia, von Rosenberg, Dorothée
recycled. Projekte aus Schläuchen, Plastik, Papier, Textilien, Metall und Korken
Haupt, Bern 2010

Hubert, Anne
anders als die andern. Textilien umgestalten
Haupt, Bern 2007

Lupton, Ellen
D.I.Y. Design It Yourself: Kreative Ideen leicht gemacht
Princeton Architectual Press, New York 2006

Wilhelm, Laura Sinikka
Es war einmal ein Hosenbein... Kleider und Wohnideen aus gebrauchten Textilien
Haupt, Bern 2010

Bezugsquellen

Bänder und Borten

Wenn Sie eine größere Menge an Bändern und Borten verarbeiten wollen, lohnt es sich, bei einem Profi wie der Firma Frieba mit einer großen Auswahl zu bestellen.

www.frieba.de

Filz

Eine große Auswahl an industriell gefertigten Filzen gibt es bei Johanna Daimer in München. Es gibt keine Mindestmengen. Nur Versandkosten, falls Sie telefonisch oder per E-Mail bestellen. Die Farbpalette ist riesengroß und die Qualität absolut super.

www.daimer-filze.com

Flockmotive

Aufbügelmotive können Sie in fast jedem Copy-Shop mit Plotter nach eigenem Wunsch fertigen lassen. Wenn Sie sich das mit dem Vektorisieren noch nicht zutrauen, Ihnen unser röhrender Hirsch zu laut grölt oder Ihnen einfach noch das richtige Motiv fehlt, dann lohnt sich ein Besuch bei dawanda.de. Unter dem Stichwort "Flockmotiv" kann man tolle Bügelmotive kaufen.

www.dawanda.de

Namensbänder, Spruchbänder

Hier kann man sich einfach ein paar kesse Sprüche weben lassen. Da gibt es einen großartigen Namensbänder-Assistenten, bei dem man sich Schrift und Farbe aussuchen und in einer Vorschau ansehen kann. Mindeststückzahl: 50.

www.dortex.de

Fotodruck, Stoffdruck

Für Profis: Wenn Sie eine Serie mit Fotodruck-Taschen fertigen möchten, empfehlen wir www.textilfab.de. Farbechte und gestochen scharfe Digitaldruckverfahren mit modernster Technik möglich. Das Tolle daran: man ist nicht an eine Mindestbestellmenge gebunden.

www.textilfab.de

Broschenteller

nani-coldine-shop bei
http://de.dawanda.com/shop/nanicoldine

Stoffe, Nähutensilien, Henkel

Alle Stoffe aus unserem Kapitel *Herzallerliebst* sind von Frau Tulpe. Riesige Auswahl an Stoffen, Retro-Prints, Bändern, Accessoires und Taschenhenkeln. In Berlin und Hamburg gibt es auch Frau-Tulpe-Geschäfte.

www.frautulpe.de

Umfangreiche Auswahl an Stoffen, Kunstleder, Einlagen, Bändern, Garnen, Kordeln, Nähmaschinennadeln und allem, was das Schneiderherz begehrt. Passende Farbvorschläge für Garne und Reißverschlüsse werden dazu online angezeigt.

www.stoffe.de

MAKING OF

Konzentration

Yvonne gibt letzte Anweisung

Kommt tierisch gut

Angie im Zuschnitt

Noch mehr Broschen!

Hurra, der Print ist da!

Evelyn entwirft Dessins

Johanna räumt auf

Ab ins Layout

Letzte Korrekturen

Blick ins Studio